Warum quietschen Turnschuhe
auf Linoleum und wieso bleibt der Specht
beim Hämmern nicht stecken?

Und über 150 weitere knifflige Fragen
aus der beliebten Wissensshow im Ersten

WILHELM HEYNE VERLAG
MÜNCHEN

Penguin Random House Verlagsgruppe FSC® N001967

Originalausgabe 10/2022

Copyright © 2022 ARD Werbung und
OneGate Media GmbH – A Studio Hamburg Company,
Lizenz durch Degeto Film GmbH
Alle Rechte vorbehalten
Copyright © 2022 by Wilhelm Heyne Verlag, München,
in der Penguin Random House Verlagsgruppe GmbH,
Neumarkter Straße 28, 81673 München
Autoren: Gerald Drews, Conny Heindl, Dr. Christiane Schlüter
Illustrationen: Isabel Klett, Barcelona
Umschlaggestaltung: Hauptmann & Kompanie Werbeagentur, Zürich,
unter Verwendung eines Fotos von © ARD / Thomas Leidig
Satz: Schaber Datentechnik, Austria
Druck: GGP Media GmbH, Pößneck
Printed in Germany

ISBN: 978-3-453-60631-9

www.heyne.de

Liebe Leserinnen und Leser,

es ist jetzt schon Tradition: Im Sommer bekomme ich vorab immer das Manuskript zum neuen »Wer weiß denn sowas?«-Buch, damit ich dieses Vorwort für Sie verfassen kann. Und ich bin ehrlich: Auch das ist ein echter Grund, sich neben dem schönen Wetter auf den Sommer zu freuen. Denn nachdem ich die Seiten am Computer durchgescrollt habe – noch ist das Buch ja nicht gedruckt –, bin ich immer um einiges schlauer! Ich kann Ihnen versprechen: Sie am Ende der Lektüre auch!

Mitraten, Neues lernen und dabei lachen können – das ist »Wer weiß denn sowas?« für mich. Sei es im Fernsehen, in der ARD Quiz App oder in diesem Buch. Ich weiß nach dem Lesen jetzt, was »Seacuterie« ist, aus welchen Alltagsgegenständen sich ein Feuerzeug improvisieren lässt und wofür der Saft von Gänseblümchen hilfreich ist. Aber auch, was ein Wattwurm so auf dem Trockenen macht!

»Schulwissen« im eigentlichen Sinne ist das natürlich nicht. Aber beim Plausch mit Kolleginnen und Kollegen, beim Smalltalk oder am Abendbrottisch mit der Familie ist dieses Wissen einfach Gold wert. Schon oft konnte ich mit Verblüffendem mein Gegenüber überraschen.

Goethe hat einmal gesagt, wer nicht neugierig ist, erfährt nichts. Auch das ist für mich »Wer weiß denn sowas?«. Inzwischen liefen im Vorabendprogramm des Ersten mehr als 850 Folgen der Sendung – mit Tausenden spannenden Fragen und oftmals überraschenden Antworten, immer charmant präsentiert von Kai Pflaume und seinen Rateteams – dafür meine Anerkennung und mein Dank! Danken möchte ich aber auch Ihnen, unserem Publikum: Denn erst Ihr Zuspruch ermöglicht die Produktion dieser schönen Sendungen über diesen langen Zeitraum. Und daher hoffe ich, dass Sie uns weiterhin verbunden bleiben – als Zuschauende der Sendung, Lesende des Buchs oder Spielende in der App!

Bleibt mir noch, Ihnen viel Vergnügen beim Lösen der neuen Fragen von »Wer weiß denn sowas?« zu wünschen. Bleiben Sie auf jeden Fall weiter clever und neugierig!

Ihr
Frank Beckmann
Koordinator ARD Vorabend

1.

Wer Stangenbohnen eine Rankhilfe zur Verfügung stellen möchte, sollte beachten, dass ...?

A: sie ausschließlich gegen den Uhrzeigersinn nach oben wachsen

B: sich Bambusstangen durch ihre glatte Oberfläche nicht eignen

C: die Hilfe in einem 50°-Winkel zur Erde nach Norden geneigt ist

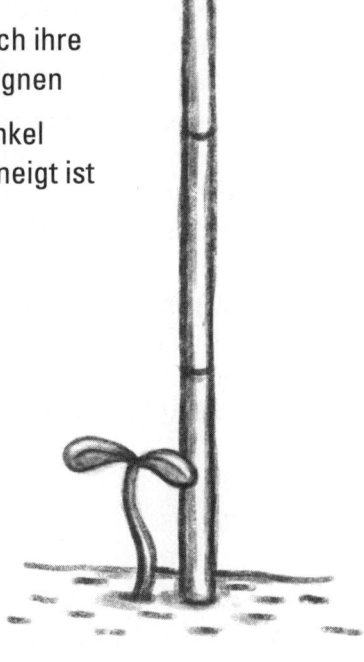

A: sie ausschließlich gegen den Uhrzeigersinn nach oben wachsen

Anders als im Märchen von Hans und seiner magischen Bohnenranke, die von ganz allein über Nacht in den Himmel wächst, benötigen Stangenbohnen im realen Leben eine angemessene Stütze, um sich nach oben winden zu können. Ideal sind drei bis fünf Zentimeter dicke Holz- oder Bambusstangen, die so lang sein sollten, dass die Bohnen ohne Leiter gut geerntet werden können. Nach dem Aufstellen der Rankhilfe pflanzen Sie sechs bis acht Bohnen kreisförmig um jede Stange. Der richtige Zeitpunkt ist entscheidend, denn Samen und Pflanze sind kälteempfindlich.

Wenn Sie auf Nummer sicher gehen wollen, dann warten Sie lieber bis Mitte Mai, sonst macht ein später Frost all Ihre Bemühungen zunichte. Zeigen sich die ersten zarten Sprosse, die in kreisenden Bewegungen nach Halt suchen, können Sie die Pflanze unterstützen, indem Sie die Triebe gegen den Uhrzeigersinn um die Stütze legen. Wie die meisten Rankpflanzen sind Stangenbohnen nämlich »Linkswinder«. Hopfen oder das Waldgeißblatt bevorzugen dagegen eine rechtsdrehende Wuchsrichtung und es gibt sogar Pflanzen, die sich nicht entscheiden können und je nach Lust und Laune mal in die eine oder andere Richtung wachsen – wie zum Beispiel die Liane.

2.
Was wurde 1966 auf der Moorweide in Hamburg eingerichtet?

A: Leinwand, auf der Privatpersonen Urlaubsfotos ausstellen konnten

B: Wachsfigurenkabinett für sexuelle Aufklärung

C: Meckerwiese, auf der Bürger Dampf ablassen konnten

C: Meckerwiese, auf der Bürger Dampf ablassen konnten

Demokratie lebt von der öffentlichen Debatte. Die findet heute überwiegend im Internet statt, doch vor gut 50 Jahren gab es außer Leserbriefen in Zeitungen keine solchen Kanäle, in denen alle ihre Meinung öffentlich verbreiten konnten. Deshalb dachte sich der Hamburger Senat etwas ganz Besonderes aus: Auf der Moorweide am Dammtor richtete er im Februar 1966 einen öffentlichen Debattierklub ein – das Bürgerforum. Immer samstags von 14 bis 17 Uhr konnte sich, wer wollte, dort hinstellen und öffentlich seine Meinung kundtun. Vorbild dafür war der Versammlungsplatz Speakers' Corner im Londoner Hyde Park, den es seit 1872 gibt. Wie in London wurden dann auch in Hamburg Stühle aufgestellt, auf die die Redner klettern konnten.

Die Aktion fand zunächst große Aufmerksamkeit. Bis zu 1000 Leute versammelten sich zeitweise auf der Moorweide. Journalisten reisten an, sogar aus dem Ausland. Nach einer Weile flaute das Interesse an der »Meckerwiese«, wie die Presse sie getauft hatte, jedoch ab. Nur junge Leute – »Rocker«, wie eine Journalistin naserümpfend mitteilte – fanden sich noch ein, um dort ihren Style vorzuführen. Im Winter 1966/67 war auch das vorbei und das Bürgerforum endgültig Geschichte.

3.

**Wer Kraftstoff in einem Kanister
lagern möchte, sollte wissen, dass …?**

A: Diesel nach sechs Monaten verbraucht
werden sollte

B: Metallkanister nicht auf dem Boden
stehend gelagert werden sollten

C: maximal 5 l in einem Kanister im
Auto transportiert werden dürfen

A: Diesel nach sechs Monaten verbraucht werden sollte

Noch nie war Kraftstoff so teuer wie in der heutigen Zeit. Da könnten schon manche auf die Idee kommen, ein paar Kanister voll in der Garage oder im Keller zu horten, falls die Preise weiter steigen. Aber Vorsicht! Diesel etwa ist maximal ein halbes Jahr lang haltbar, und das auch nur bei luftdichter Lagerung. Der Grund: Bakterien aus dem enthaltenen Biodieselanteil zersetzen langsam aber sicher den im Diesel enthaltenen Kohlenstoff. Dadurch bildet sich eine Art Schlamm. Der kann das Kraftstoffsystem des Motors verstopfen und sorgt im Tank für Korrosion. Aus diesem Grund sollte der Kraftstoff innerhalb von zwei bis drei Monaten verbraucht und nachgefüllt werden.

Etwas anders sieht es mit Benzin aus. Sofern dieses luftdicht in Metallkanistern gelagert wird, ist es theoretisch jahrelang haltbar. Füllt man es in Plastikkanister ab, nimmt indes die Haltbarkeit ab, und auch wenn sich der Sprit im Tank befindet, sinkt seine Qualität im Lauf der Zeit. Steht ein Fahrzeug lange unbenutzt in einer Garage, besteht darüber hinaus das Risiko, dass entzündliche Dämpfe entweichen.

Wenn Reservekanister luftdicht, bruchsicher und fest verschließbar sind, darf man in Deutschland bis zu 60 Liter im Auto mitführen. Empfohlen werden jedoch maximal 10 Liter. Dies ist auch die Höchstgrenze in vielen anderen Ländern. In manchen Ländern und auf Fährschiffen ist die Mitnahme von Ersatzkanistern übrigens grundsätzlich verboten.

4.

Beamte und Juristen auf den britischen Inseln schrieben im Mittelalter meist auf Pergament aus Schafshaut, da es ...?

A: schlechte Gerüche in den Schreibstuben absorbierte

B: als besonders fälschungssicher galt

C: sich besonders schnell und tintensparend beschreiben ließ

B: als besonders fälschungssicher galt

Zugegeben, im Mittelalter roch es in menschlichen Behausungen meist nicht besonders gut. Das fiel aber in der Regel niemandem auf. Schafshaut war als Beschreibstoff denn auch nicht etwa deshalb besonders beliebt, weil sie Gerüche absorbieren könnte – dazu ist sie gar nicht in der Lage. Vielmehr galt sie als besonders fälschungssicher zu einer Zeit, da man statt auf Papier noch auf bearbeiteten Tierhäuten schrieb – auf Pergament.

Für die Herstellung von Pergament wird die ungegerbte Tierhaut in eine Kalklösung eingelegt. Anschließend reinigt man die Haut, spannt sie auf und lässt sie trocknen. Das Bad in der Kalklösung nun entzieht der Haut das Fett. Schafshaut aber enthält besonders viel davon. Wird dieses im Kalkbad entzogen, dann entstehen winzige Hohlräume zwischen den Hautschichten – diese haften anschließend nicht mehr so fest aneinander. Wollte nun jemand im Mittelalter bei einem Dokument alte Schrift abschaben, um mit neuer Tinte darüberzuschreiben (der Tintenkiller war noch nicht erfunden), so riskierte er bei der Schafshaut, die Oberfläche zu beschädigen – der Schwindel wäre aufgeflogen.

5.

Nach einer Dinnerparty bei Tom Cruise wurde Schauspielerin Kyra Sedgwick nach eigener Aussage nie wieder von ihm eingeladen, weil ...?

A: sie die Gefrierfachtür offen gelassen hatte

B: ihr Hund beim Spielen die Tischdecke heruntergerissen hatte

C: sie aus Neugier auf den Panikknopf am Kamin gedrückt hatte

C: sie aus Neugier auf den Panikknopf am Kamin gedrückt hatte

Sie hat einen Stern auf dem Hollywood Walk Of Fame, ist Emmy- und Golden Globe-Preisträgerin und sitzt in der Jury für die Vergabe der Oscars. Nur mit einem rechnet US-Schauspielerin und Regisseurin Kyra Sedgwick nach eigener Aussage nicht mehr: mit einer Einladung zu Partys ihres Kollegen Tom Cruise. Der Grund liegt bereits rund drei Jahrzehnte zurück, wie sie kürzlich in der »Drew Barrymore Show« verriet. Im Jahr 1991 hatte Cruise gerade für den Spielfilm »Eine Frage der Ehre« vor der Kamera gestanden und aus diesem Anlass eine Party gegeben. Kyra Sedgwick und ihr Mann Kevin Bacon, der in dem Film mitspielte, waren auch eingeladen – »mit einer Menge berühmter Leute wie Demi Moore und Bruce Willis«, wie sie in der Show erzählte. »Es war eine dieser Nächte, zu denen ich nicht oft eingeladen werde«, erinnerte sie sich, die zu jener Zeit Mitte 20 und hochschwanger gewesen war.

Tja, und dann war da dieser kleine Knopf unter dem Kaminsims, von dem sie sich fragte, was er wohl zu bedeuten habe. »Also habe ich ihn gedrückt, weil ich dachte, dass vielleicht etwas Interessantes passieren würde.« Doch es passierte – nichts. Jedenfalls nicht gleich. Als sie ihrem Gastgeber von ihrem Experiment berichtet habe, sei dieser ein bisschen blass geworden: »Das ist der Panik-Knopf!« Kurz danach sei auch schon die Polizei vorgefahren. »Ich glaube, es waren mehr als fünf Polizeiwagen vor Ort. Das war schon was.« Für Kyra Sedgwick jedenfalls war es die – bis heute – letzte Party bei Tom Cruise.

6.

Darf in einem Bundesland mit Zweckentfremdungsverbot eine Zweitwohnung zwischenzeitlich als Ferienwohnung vermietet werden?

A: Ja, wenn die Wohnung auch selbst zum Wohnen genutzt wird.

B: Nur, wenn sich die Wohnung in einem Kurort befindet.

C: Nein, Ausnahmen gelten nur für Haupt-, nicht für Zweitwohnungen.

A: Ja, wenn die Wohnung auch selbst zum Wohnen genutzt wird.

Wohnraum, vor allem bezahlbarer, ist knapp in Deutschland. Gleichzeitig hat in angesagten Großstädten wie München oder Berlin ein Trend um sich gegriffen: Wohnungen als Ferienwohnungen zu vermieten und damit mehr Geld einzunehmen als bei einer dauerhaften Vermietung. Auf diese Weise werden Immobilien dem normalen Wohnungsmarkt entzogen – sie werden zweckentfremdet, da niemand in ihnen den eigenen Lebensmittelpunkt hat.

Per Gesetz versuchen die Bundesländer diese Zweckentfremdung zu verhindern: Wer eine Zweitwohnung ständig an Urlaubsgäste vermietet statt sie selbst zu nutzen oder dauerhaft zu vermieten, muss im Zweifel ein Bußgeld zahlen. Auch den Urlaubsgästen können Bußgeldbescheide drohen. Manches lassen die Gesetze aber auch zu. So hat etwa das Oberverwaltungsgericht Berlin-Brandenburg 2020 entschieden, dass eine Zweitwohnung zwischenzeitlich (und nach Genehmigung) als Ferienwohnung vermietet werden darf – aber nur dann, wenn die Eigentümer sie auch selbst regelmäßig als Ferienwohnung nutzen. Ist das nicht der Fall, wird ein Bußgeld fällig. Übrigens gilt auch das Leerstehenlassen als Zweckentfremdung.

7.

Was fand eine Studie über den Einsatz von Entspannungsmusik und positiven Worten bei einer Operation unter Vollnarkose heraus?

A: Die Patienten konnten danach schneller Kopfrechnen.

B: Es führte zu Bluthochdruck und Schweißausbrüchen.

C: Es senkt den anschließenden Schmerzmittelbedarf.

C: Es senkt den anschließenden Schmerzmittelbedarf.

Auf dem OP-Tisch liegen und wach sein, die Operation mitbekommen – das ist ein echter Albtraum. Doch auch wenn die Narkose gut wirkt, ist das Unbewusste offensichtlich empfänglich für Reize von außen. Das ergab eine Studie im Jahr 2020, an der sich fünf deutsche Kliniken beteiligten. Demnach profitieren Patienten davon, wenn sie während eines Eingriffs unter Vollnarkose über einen Kopfhörer beruhigende Worte und Musik vorgespielt bekommen. Am Tag nach dem Eingriff haben sie weniger Schmerzen und brauchen deutlich weniger Schmerzmittel als andere Patienten. So berichtete das »British Medical Journal« im Dezember 2020.

Für die Studie waren 385 Versuchspersonen in zwei Gruppen eingeteilt worden. Während die einen über Kopfhörer die beruhigenden Klänge zugespielt bekamen, herrschte bei den anderen Stille. Die Forschenden führen den günstigen Effekt der therapeutischen Geräuschkulisse auf die unbewusste Beeinflussung zurück. Sie schlussfolgern, dass den Geräuschen im OP-Saal mehr Aufmerksamkeit geschenkt werden müsse – das Klinikpersonal sollte sich zum Beispiel vor unbedachten Äußerungen am OP-Tisch hüten.

8.

**Der 246 Meter hohe Testturm
für Aufzüge in Rottweil ...?**

A: wirft in der Morgensonne
einen x-förmigen Schatten

B: bietet auf seinem Dach eine Rampe
für Skater

C: ist das höchste textilverkleidete
Gebäude der Welt

C: ist das höchste textilverkleidete Gebäude der Welt

Auf halber Strecke zwischen Stuttgart und dem Bodensee liegt Rottweil, die älteste Stadt Baden-Württembergs. Neben vielen hübschen mittelalterlichen Gebäuden hat die 25 000 Einwohner zählende Stadt seit 2018 auch eine moderne weltweite Besonderheit zu bieten: einen 246 Meter hohen Testturm für Aufzüge – den zweithöchsten seiner Art. Dort werden Hochgeschwindigkeitsaufzüge getestet und zertifiziert. Außerdem bietet der mit zahlreichen Preisen ausgezeichnete Turm nicht nur Deutschlands höchste Aussichtsplattform, sondern ist zugleich das höchste textilverkleidete Gebäude der Welt.

Seine an einen Bohrer erinnernde Form und seine Außenhaut aus Glasfasergewebe reduzieren vom Wind ausgelöste Schwingungen im Turm um etwa 40 Prozent. Die fein gewebten Kunststoffe sind besonders robust und witterungsbeständig. Ferner schützt die Verkleidung den Beton vor Sonneneinstrahlung. Wer mag, kann übrigens statt eines Aufzugs auch die 1390 Treppen benutzen. Die schnellste Zeit beim jährlich durchgeführten Treppenlauf liegt unter sieben Minuten. Bei schönem Wetter ist die Rundumaussicht für die maximal 199 gleichzeitig zugelassenen Gäste phänomenal und reicht bis zu den Schweizer Alpen.

9.

Permethrinhaltige Floh- und Zeckenschutzmittel für Hunde ...?

A: dürfen nicht auf den Kopf gesprüht werden

B: sind nicht für Katzen geeignet

C: sollten ausschließlich in den Abendstunden aufgetragen werden

B: sind nicht für Katzen geeignet

Der britische Chemiker Michael Elliott (1924–2007) war einer der bedeutendsten Entwickler synthetischer Insektizide, sogenannter Pyrethrine. Eines der bekanntesten ist Permethrin, das seit 1977 im Handel ist und ein breites Wirkungsspektrum besitzt. Bei Menschen helfen Medikamente, in denen Permethrin enthalten ist, unter anderem gegen ausgewachsene Läuse und deren Nissen sowie gegen Krätze. Hunde werden mithilfe dieses Insektizids vor Flöhen, Zecken und anderen Insekten geschützt. Es ist häufig Bestandteil frei verkäuflicher Arzneimittel wie zum Beispiel Advantix oder Fletic. Der synthetische Wirkstoff wirkt bei Ektoparasiten – also den auf der Haut ihres Wirtes lebenden Parasiten – wie ein Nervengift.

Die Hunde selbst sind durch ein Enzym namens Glucuronidase-Transferase vor dem Gift geschützt, da es den besagten Wirkstoff abbaut. Katzen hingegen fehlt dieses Enzym, weswegen permethrinhaltige Produkte für sie höchst gefährlich sind und zu lebensbedrohlichen Vergiftungen führen können. Auch wer Hund und Katz' im selben Haushalt hält, sollte zum Schutz gegen Parasiten Mittel verwenden, die kein Permethrin enthalten. Im Zweifel fragen Sie am besten in Ihrer Tierarztpraxis nach.

10.

**Was passiert, wenn die Flüsse
Rio Negro und Rio Solimões in Brasilien
aufeinandertreffen?**

A: Männliche und weibliche Flussbarsche
begegnen sich erstmals.

B: Die Wassertemperatur sinkt
um 15 Grad Celsius.

C: Sie fließen kilometerlang nebeneinanderher,
ohne sich zu mischen.

C: Sie fließen kilometerlang nebeneinanderher, ohne sich zu mischen.

Der Rio Negro, auf Portugiesisch »Schwarzer Fluss«, macht seinem Namen alle Ehre. Er fließt von Kolumbien nach Brasilien und nimmt auf einer Länge von über 2200 Kilometern große Mengen an Huminsäuren und Fulvosäuren auf, die ihn sehr dunkel färben. Ungefähr zehn Kilometer vor Manaus kommt es zum »Encontro das Águas«, dem »Zusammentreffen der Wasser«. Hier mündet der Rio Negro, der vom Norden her in das Amazonasbecken strömt, in den Rio Solimões.

Dieser gehört zu den Quellflüssen des Amazonas und entspringt in den peruanischen Anden. Da er viel Sediment mit sich führt, ist er bräunlich-gelb gefärbt und bildet farblich einen herrlichen Kontrast zum »Schwarzen Fluss«. Wegen der physikalischen Unterschiede in Geschwindigkeit, Temperatur und Dichte sowie ihrer chemischen Eigenschaften fließen die zwei Flüsse, die sich nun zum Amazonas vereint haben, etwa sechs Kilometer nebeneinanderher, fast ohne sich dabei zu mischen. Erst 150 Kilometer später, ungefähr an der Stelle, wo der Rio Madeira in den Amazonas mündet, ist das Wasser beider Flüsse komplett durchmischt.

11.

**Wer Fleisch zum Lagern einfriert,
sollte wissen, dass …?**

A: es nicht in Druckverschlussbeuteln
verpackt werden darf

B: es immer einen kleinen Abstand
zu anderen Produkten haben sollte

C: mageres Fleisch länger haltbar
ist als fettes Fleisch

C: mageres Fleisch länger haltbar ist als fettes Fleisch

Fleisch einfrieren – das ist eine praktische Sache. Doch nicht alle Sorten können dabei gleichbehandelt werden. Grundsätzlich gilt: Je magerer das Fleisch, desto länger ist es im tiefgefrorenen Zustand haltbar. Denn bei Temperaturen von minus 18 bis minus 30 Grad gefriert zwar die Flüssigkeit im Fleisch, ohne dass das Muskelgewebe sowie die Aromen und Nährstoffe leiden, doch Fett wird nach einiger Zeit auch in der Gefriertruhe ranzig.

Der Grund: Es reagiert mit dem restlichen Sauerstoff, der sich immer noch in der Verpackung befindet. Schweinefleisch ist deshalb nur ein halbes Jahr haltbar, mageres Kalbfleisch hingegen fast doppelt so lang. Ist das Fleisch allerdings vakuumiert verpackt, wird vor der Versiegelung fast die gesamte Luft aus der Verpackung herausgezogen. So kann Rindfleisch tatsächlich bis zu drei Jahre in der Tiefkühle aufbewahrt werden. Übrigens sollte Fleisch nach dem Auftauen nicht noch einmal eingefroren werden.

12.
**Ein junges Paar sorgte im Frühjahr 2021
in Seoul ungewollt für große Aufregung,
nachdem es …?**

A: mit der Kronprinzessin ein
Selfie gemacht hatte

B: versehentlich zu Fuß über das Rollfeld
zum Flugzeug gegangen war

C: ein wertvolles Kunstwerk
für Mitmachkunst gehalten hatte

C: ein wertvolles Kunstwerk für
Mitmachkunst gehalten hatte

Seine Arbeiten bezeichnet der US-Amerikaner JonOne, mit bürgerlichem Namen John Andrew Perello, als »Graffiti des abstrakten Expressionismus«. Knapp sieben mal zweieinhalb Meter groß und rund 400 000 Dollar teuer ist sein Kunstwerk »Untitled«. Es war im Frühjahr 2021 anlässlich einer Ausstellung in einer Galerie in der südkoreanischen Hauptstadt Seoul zu sehen. Teil des Werkes sind die Farben, Pinsel und Schuhe, die JonOne für seine Arbeit verwendet hat. Dieser Umstand verleitete ein junges Besucherpärchen zu der irrigen Annahme, bei dem Ganzen handele es sich um Mitmachkunst. Also bedienten sich die beiden der ausgestellten Materialien und fügten drei dicke grüne Pinselstriche hinzu.

Der Hinweis, das Kunstwerk nicht zu berühren, war offensichtlich nicht prominent genug angebracht. Deswegen verzichteten Galerie und Künstler auf juristische Schritte, da man dem Pärchen keine böse Absicht nachweisen konnte. Allerdings gab sich der 1963 geborene Künstler trotzdem traurig und wütend: »Kunst sollte religiös sein. Du malst nicht auf eine Kirche«, kommentierte er das Geschehen. Ob »Untitled« für rund 9000 Dollar restauriert werden soll, ist noch nicht entschieden. Zumal viele Kommentare fordern, das Werk zu belassen, wie es jetzt ist.

13.
**Bereits auf über 5000 Jahre
alten Steintafeln der Sumerer …?**

A: wurde sich bitterlich über die
»Jugend von heute« beklagt

B: wurde darum gebeten, Hunde-
hinterlassenschaften aufzusammeln

C: wurden Kontaktanzeigen veröffentlicht,
um einen Partner zu finden

A: wurde sich bitterlich über die »Jugend von heute« beklagt

Manche Dinge ändern sich nie. Hunde (und ihre Hinterlassenschaften) gehörten schon vor Jahrtausenden zum Leben der Menschen im südlichen Mesopotamien dazu. Das belegen sumerische Fabeln, in denen die Vierbeiner ein oft sehr pfiffiges Auftreten an den Tag legen. Schilder mit »Hier bitte nicht«, womöglich noch mit einer Hunde-Abbildung, sind aber nicht überliefert. Auch Kontaktanzeigen waren damals wohl ungebräuchlich, denn obgleich die sumerische Schrift die älteste der Welt zu sein scheint, gab es doch keine Zeitungen im heutigen Sinn.

Aber die Jugend! Die Klagen über die Jugend, die angeblich immer schlechter wird, die gab es sehr wohl. Auf einer mehr als 5000 Jahre alten Steintafel ist zu lesen: »Die Jugend achtet das Alter nicht mehr und zeigt bewusst ein ungepflegtes Aussehen!« Tausend Jahre später schien die Lage im Zweistromland an Dramatik noch zugenommen zu haben. Denn da klagte jemand in fein säuberlicher Keilschrift: »Unsere Jugend ist heruntergekommen und zuchtlos. Das Ende der Welt ist nahe.« Nun, das Ende der Welt ist bislang nicht eingetroffen. Aber die Klagen über die Jugend, die gibt es bis heute.

14.
Gartenpetunien ...?

A: sollten nicht in Blumenampeln
gepflanzt werden

B: duften nur abends und nachts

C: enthalten einen Stoff in den Wurzeln,
der Regenwürmer anlockt

B: duften nur abends und nachts

Gartenpetunien gehören zu den beliebtesten einjährigen Sommerblumen, die in Töpfen und Kübeln – oder eben auch in Blumenampeln – kultiviert werden. Ihre prächtigen trompetenförmigen Blüten, die uns von Mai bis zum ersten Frost erfreuen, gibt es in zahlreichen Variationen, Farben und Größen. Sie sind wahre Sonnenanbeterinnen und benötigen viel Licht und Wärme. Kein Wunder, denn diese krautig wachsenden Pflanzen stammen ursprünglich aus dem tropischen Südamerika. Zudem gehören sie zur Gattung der Nachtschattengewächse (Solanaceae), was zumindest namentlich auf ihren Hang zur nächtlichen Aktivität hinweist.

Diese Blumen verströmen ihren süßlichen Duft tatsächlich nur am Abend, um vor allem Nachtfalter, ihre Hauptbestäuber, anzulocken. Dem Geheimnis dieser »inneren Uhr« sind Forschende an der University of Washington im Jahr 2015 auf die Spur gekommen: Verantwortlich ist das Zusammenwirken zweier Gene, die sich jeweils gegenseitig beeinflussen. LHY ist morgens dominant und unterdrückt das Gen ODO1, das für die Herstellung und Ausschüttung der Duftstoffe verantwortlich ist. Die LHY-Aktivität nimmt allerdings im Laufe des Tages ab, sodass dann ODO1 zum Einsatz kommt und für die richtige Menge Petunien-Aroma in den Abendstunden sorgt.

15.
**Ein US-Forschungsteam hat
einen Trinkhalm entwickelt, der ...?**

A: gegen Schluckauf hilft

B: die eigene Stimme eine Terz
tiefer erklingen lässt

C: beim Trinken
von Leitungs-
wasser Sprudel-
wasser erzeugt

A: gegen Schluckauf hilft

Schluckauf ist zwar harmlos, aber extrem lästig und kann jederzeit passieren. Da es sich um einen Reflex handelt, also eine automatische Reaktion unserer Nerven auf bestimmte Reize, können wir das Phänomen auch nicht bewusst vermeiden oder gar kontrollieren. Ist es mal wieder so weit, beschäftigt uns also nur eine Frage: Wie werde ich den nervigen Hicks wieder los? Hausmittel gibt es viele, wie etwa die Luft anhalten und drei Mal schlucken oder einen Kopfstand machen und Wasser trinken. Plötzliches Erschrecken soll auch schon geholfen haben ...

Ein Forschungsteam von der University of Texas Health Science Center in San Antonio hat 2020 endlich ein Hilfsmittel entwickelt, das uns nachhaltig und schnell von dem Übel befreien soll. Es handelt sich um einen L-förmigen Trinkhalm aus Kunststoff, der auf der einen Seite über ein Mundstück und auf der anderen Seite über eine Kappe mit Druckventil verfügt. Trinkt man mit dem Spezialhalm nun ein Glas Wasser, erzeugt das geschlossene Ventil einen Unterdruck und erschwert so das Ansaugen. Dadurch entspannt sich der Zwerchfellnerv und der ebenfalls involvierte Vagusnerv wird durch das Schlucken abgelenkt. So soll der Halm in 92 Prozent der Fälle den Schluckauf tatsächlich gestoppt haben.

16.

**Wodurch sorgte Johann Wolfgang
von Goethe 1786 in Malcesine
am Gardasee für einen Tumult?**

A: Er zitierte öffentlich Gedichte
von Dante und wurde verhaftet.

B: Er zeichnete die dortige Burg
und wurde als Spion verdächtigt.

C: Er ließ Kleingeld fallen und ging in
einem Brunnen nackt baden.

B: Er zeichnete die dortige Burg und wurde als Spion verdächtigt.

Im Herbst 1786 erfüllte sich der damals 37 Jahre alte Johann Wolfgang von Goethe den Traum, das klassische Italien zu bereisen. Meist per Postkutsche und ohne Begleitung blieb er bis zum Mai 1788 inkognito als Maler Johann Philipp Möller im Land seiner Sehnsucht. Doch schon nach wenigen Tagen, genauer am 14. September 1786, hätte seine Reise am Gardasee in dem malerischen Dörfchen Malcesine fast ein böses Ende genommen. Kaum hatte er begonnen, den Turm einer alten Burg zu zeichnen, versammelte sich eine stattliche Menge um ihn. In seinen Tagebüchern beschreibt Goethe die Situation: »Endlich drängte sich ein Mann zu mir, nicht von dem besten Ansehen, und fragte, was ich da mache. Ich erwiderte ihm, dass ich den alten Turm abzeichne, um mir ein Andenken von Malcesine zu erhalten. Er sagte darauf, es sei dies nicht erlaubt und ich sollte es unterlassen.«

Jetzt erfuhr der Reisende, dass ihn die Umstehenden für einen Spion hielten, mit dem Auftrag des österreichischen Kaisers Joseph II., die Grenze zwischen Venedig und dem Kaiserstaat auszuspähen. Erst ein Mann namens Gregorio, der Goethes Geburtsstadt Frankfurt gut kannte, ließ sich durch dessen Ortskenntnis überzeugen, dass Goethe von dort und nicht aus Wien stammte. Zwar wurde dem Dichterfürsten trotzdem nicht gestattet, den Turm abzuzeichnen, aber immerhin bekam er einen Begleiter, der ihm die Stadt und die Gegend zeigte.

17.
Was wollen Astronauten auf der ISS wissenschaftlich erforschen?

A: Bananen, die ohne Schale wachsen

B: Fortpflanzung der Pazifischen Auster

C: Pilze, die sich von Strahlung ernähren

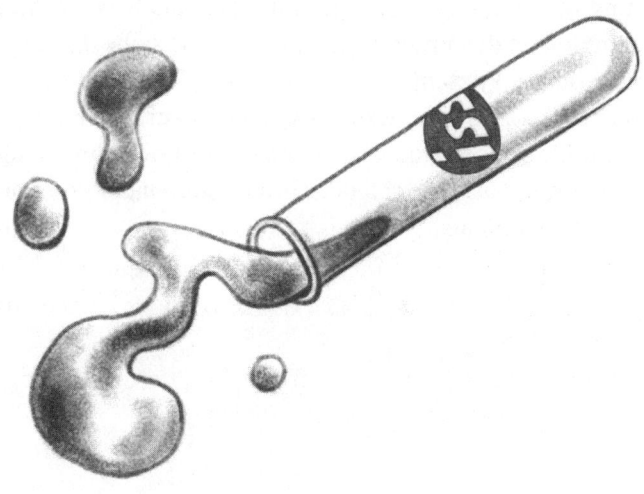

C: Pilze, die sich von Strahlung ernähren

Manches, was die Besatzung der Internationalen Raumstation ISS erforscht, kommt ganz unmittelbar auch ihrem eigenen Berufsstand zugute. Gearbeitet wird zum Beispiel mit Pilzen, die sich von radioaktiver Strahlung ernähren, also Radiosynthese betreiben. Pilze mit dieser Fähigkeit haben Forschende 1991, fünf Jahre nach der Katastrophe von Tschernobyl, in den Ruinen des Kernkraftwerks entdeckt.

Knapp 30 Jahre später bekam der Schimmelpilz Cladosporium sphaerospermum auf der ISS ein Festmahl bereitet: Eine Petrischale wurde zur Hälfte mit dem Pilz befüllt und der kosmischen Strahlung ausgesetzt. Die ist im Weltall viel höher als auf der Erde unter der schützenden Hülle der Atmosphäre. 30 Tage lang durfte der Pilz mithilfe seines Pigments Melanin die radioaktive Strahlung in Energie umwandeln. Unter der Schale wurde währenddessen das Ergebnis gemessen. Und siehe da: Schon eine dünne Pilzschicht verringerte die Strahlung erkennbar. Dieser Pilz könnte sich also perfekt zur Dämmung bei einer Marsexpedition eignen. Zumal er noch einen anderen Vorteil hat: Die fehlende Gravitation macht ihm überhaupt nichts aus.

18.

Eine 38-Jährige wurde Anfang 2021 in Neuseeland zu 100 Sozialstunden verurteilt, weil sie 947 Sukkulenten und Kakteen ...?

A: aus einem Wolkenkratzer
geworfen hatte

B: an ihrem Körper durch den Zoll
schmuggeln wollte

C: mit dem Auto entlang
eines Highways umgefahren hatte

B: an ihrem Körper durch den Zoll schmuggeln wollte

Manche Pflanzen und Tiere reisen als blinde Passagiere um die halbe Welt und verbreiten dort, wo sie schließlich landen, Angst und Schrecken oder aber zumindest Ärger. Bekannt sind die fiesen Spinnen, die aus Bananenkisten kriechen, und auch der Waschbär war bei uns nicht immer zu Hause. Ebenso sind manche Pflanzen als Einwanderer keineswegs beliebt, weil sie in fremder Umgebung keine natürlichen Feinde besitzen und sich deshalb unkontrolliert vermehren.

Inselstaaten wie Neuseeland achten besonders darauf, sich vor solchen »Biosicherheitsbedrohungen« zu schützen, wie es im Behördendeutsch heißt. Das musste im Jahr 2019 eine 38-jährige Chinesin erfahren. Sie wollte sage und schreibe 947 Sukkulenten und Kakteen am Flughafen Auckland am Zoll vorbei ins Land bringen, um sie später zu verkaufen. Die Pflanzen im Wert von mehr als 6000 Euro hatte sie in Strümpfen an ihren Körper geschnallt. Ein Spürhund schlug jedoch an und der Schmuggel flog auf. 2021 wurde die Frau zu 100 Sozialstunden verurteilt und für ein Jahr unter Beobachtung gestellt.

19.

Beim »Horizontal Parenting« ...?

A: darf das Kind alle wichtigen
Entscheidungen selbst treffen

B: bewahren Eltern ihre Kinder
vor einem zu hohen Leistungsdruck

C: bespaßen Eltern ihre Kinder, während
sie die Füße hochlegen

C: bespaßen Eltern ihre Kinder, während sie die Füße hochlegen

»Wer zuerst ein Wort sagt, hat verloren.« Oder: »Ich sehe was, was du nicht siehst.« Diese Spieleklassiker funktionieren auch dann noch, wenn die Eltern hundemüde sind und die Füße hochlegen – sprich: sich in die Horizontale begeben möchten. Die Spiele sind schon alt, aber jetzt gibt es einen neuen Namen für solche Klassiker: »Horizontal Parenting« – »Erziehung in der Waagerechten«.

Wie das funktioniert? Hier eine kleine Auswahl zusätzlich zu den oben genannten Spielen. Vater oder Mutter liegen auf dem Bauch und bekommen mit dem Finger Buchstaben oder Zahlen auf den Rücken gemalt, die sie erraten müssen. Sie liegen auf dem Rücken und werden geschminkt und frisiert. Sie liegen, wie sie wollen (Hauptsache endlich liegen!), und spielen, dass sie Baby sind und ihr Kind die Mama oder der Papa. Sie liegen und spielen krank und das Kind ist der Arzt. Sie liegen und das Kind holt nach Anweisung bestimmte Gegenstände – und bringt sie später wieder an genau denselben Platz zurück. Und und und ...

Übrigens: Horizontal Parenting funktioniert auch im Sitzen.

20.

Welches bis heute erhaltene Bauwerk errichtete der Architekt des Brandenburger Tores Anfang der 1790er-Jahre?

A: Reiterstandbild, das in Erfurt
vor Einbrüchen warnte

B: Pyramide, die in Potsdam
als Kühlhaus diente

C: Leuchtturm, der in Weimar
den Kutschenverkehr regelte

B: Pyramide, die in Potsdam als Kühlhaus diente

Das Brandenburger Tor ist wohl das berühmteste Bauwerk des Architekten Carl Gotthard Langhans (1732–1808). Nach der Fertigstellung im Jahr 1791 hatte der Auftraggeber, Friedrich Wilhelm II., ein eher ungewöhnliches Projekt für Langhans parat. Der preußische König hatte nach und nach ein über hundert Hektar großes Grundstück in Potsdam erworben, das er – in Abkehr vom traditionellen französisch-barocken Stil – freier gestalten wollte. Deshalb nannte er den Grund »Neuer Garten« und ließ ihn landschaftlich in englischer Tradition anlegen: ohne geometrisch exakt angelegte Beete oder perfekt zurechtgestutzte Hecken, sondern nach dem Prinzip einer natürlichen Landschaft mit idealen Ausblicken und weitläufigen Grünflächen.

Auch die Gebäude sollten architektonisch außergewöhnlich sein und so beauftragte der König Langhans mit dem Bau einer Pyramide, die als Kühlhaus für die Küche des nahe gelegenen Marmorpalais dienen sollte. Gegen Ende des Winters wurden Eisblöcke vom »Heiligen See« in der Pyramide eingelagert, um die Lebensmittelvorräte für das königliche Sommerschloss zu kühlen. Der ägyptische Kühlschrank soll hervorragend funktioniert haben, angeblich war das Eis im Herbst immer noch nicht vollständig geschmolzen.

21.
**Welches Phänomen lässt sich
unmittelbar am eigenen Körper erfahren?**

A: Gammastrahlen lassen
die Stimmbänder vibrieren.

B: Protonen schmecken sauer.

C: Antimaterie lässt
die Ohren klingeln.

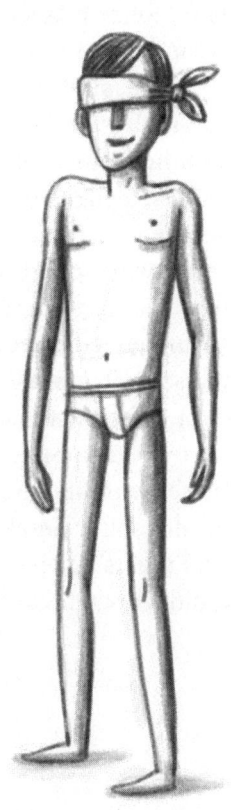

B: Protonen schmecken sauer.

Die kleinen Geschmacksknospen auf unserer Zunge sind aus Zellen aufgebaut, von denen die meisten auf eine bestimmte Geschmacksrichtung spezialisiert sind. Dabei wird ein chemischer Reiz ausgelöst, der in elektrische Erregung umgewandelt wird und dem Gehirn signalisiert, wie etwas schmeckt: süß, sauer, salzig, bitter oder umami. Forschende haben nun in einigen Geschmackszellen einen besonderen Ionenkanal gefunden, der auf saure Reize reagiert. Dieser Kanal in der Zunge war bisher nur aus Herz und Gehirn bekannt. Zellen, die über ihn verfügen, sind rhythmisch aktiv und sorgen unter anderem im Herzen für die Kontraktion des Herzmuskels. Deshalb heißen sie auch Schrittmacherkanäle.

Diese Zellen wurden nun in einem Versuch mit Protonen gereizt. Die elektrisch geladenen Teilchen sind dafür verantwortlich, dass etwa die Zitrone sauer schmeckt. Den Säuregrad messen die Forscher als pH-Wert. Saure Lösungen haben einen niedrigen pH-Wert und eine hohe Wasserstoff-Ionen-Konzentration. Auf unserer Zunge wandern diese Wasserstoff-Ionen in die auf Säure spezialisierten Geschmackszellen und lösen dort einen Reiz aus. Dieser wird über Nerven zum Gehirn gesendet und sorgt für das saure Geschmacksempfinden. Wasserstoff-Ionen sind nichts anderes als Protonen, weshalb wir im Grunde Protonen schmecken, wenn wir etwas Saures wahrnehmen.

22.

Bei welcher Kreation ließ sich die Schweizer Künstlerin Katharina Hohmann vom Finanzamt Karlsruhe inspirieren?

A: gemusterte Tapete aus alten Steuerbescheiden

B: Akupressurmatte aus alten Stempeln

C: Parfüm, das nach frisch gedrucktem Geld riecht

C: Parfüm, das nach frisch gedrucktem Geld riecht

Es riecht nach Iris, Feigenblättern, Cannabis, weißem Moschus und Wildleder – also vielleicht so, wie man sich den Duft von Geldscheinen wünschen würde. Und es heißt wie die antike römische Staatskasse: »Aerarium«. Die Rede ist von einem Parfüm, mit dem die Schweizerin Katharina Hohmann im Jahr 2021 einen Wettbewerb des Karlsruher Finanzamtes anlässlich der Eröffnung von dessen neuem Gebäude gewann. Gefragt war Kreativität für Kunst am Bau. Die 1964 geborene Absolventin der Hochschule der Künste in Berlin komponierte den Duft zusammen mit dem renommierten Zürcher Parfümeur Andreas Wilhelm.

Auf dem Gelände der neuen Behörde hatte einst die Parfümerie F. Wolff und Sohn gestanden, daher die Idee zu dem Parfüm. Als weitere Inspiration diente, dass zuvor im Schwarzwald, unweit von Karlsruhe, ein Fläschchen aus der frühen Neuzeit gefunden worden war, bei dem es sich vermutlich um ein Parfümflakon handelt. 600 Fläschchen – so viele Leute arbeiten im Finanzamt – hat die Künstlerin diesem historischen Fund nachgebildet. Sie waren in einer Vitrine des Amtes zu sehen, können aber auch käuflich erworben werden. Der Preis: 60 Euro. Die Nachfrage: ordentlich. Die Einnahmen sollen für die Produktion einer weiteren Auflage verwendet werden. Dazu die Künstlerin: »Geld verwandelt sich auf allegorische Weise also immer wieder in Duft. Das Produkt trägt nicht zur Kapitalvermehrung bei.« Oder anders gesagt: Geld stinkt in diesem Falle wirklich nicht.

23.

Was ist der Unterschied zwischen Weißweinessig und weißem Balsamico?

A: Weißer Balsamico hat
einen höheren Säuregehalt.

B: Die Zubereitung ist identisch,
aber Balsamico kommt aus Italien.

C: Balsamico enthält immer
einen Teil Traubenmost.

C: Balsamico enthält immer einen Teil Traubenmost.

Essig wird aus alkohol- oder zuckerhaltigen Flüssigkeiten hergestellt – durch Gärung oder durch Verdünnung einer zuvor gewonnenen Essig-Essenz. Bei den Gärungsessigen wiederum gibt es eine Vielzahl möglicher Grundstoffe: zum Beispiel Branntwein, vergorene Kartoffeln, Wodka oder aber Weiß- und Rotwein, um nur einige wenige zu nennen.

In unserer Küche ist der italienische Aceto Balsamico besonders beliebt. Er schmeckt fruchtiger und milder als der klassische Weinessig, weil ihm Traubenmost beigefügt ist. Das gilt für Aceto Balsamico aus Weißweinessig und hellem Traubenmost (im Supermarkt oft »Condimento« – »Gewürz« genannt) ebenso wie für den dunklen aus Rotweinessig und rotem Traubenmost. Dunkler Aceto Balsamico wird bekanntlich gern für Insalata Caprese verwendet. Doch Vorsicht, die Bezeichnung »Balsamico« ist nicht geschützt: Manchmal wird einfach Traubenmost mit beliebigem Essig gemischt und das Ganze mit brauner Zuckercouleur eingefärbt. Tipp: Bei den Zutaten schauen, ob zuerst Traubenmost und danach Wein(!)essig aufgelistet ist.

24.
IT-Fachleute raten davon ab, …?

A: den vollständigen Namen
in E-Mails zu verwenden

B: mehrere unterschiedliche
Suchmaschinenanbieter zu nutzen

C: Spam-Mails im Postfach
einfach zu löschen

C: Spam-Mails im Postfach
   einfach zu löschen

Bloß weg damit, denken wir und drücken spontan auf
»Delete«. Schwupps ist die lästige Spam-Mail aus dem Posteingang verschwunden und wir fühlen uns sicher. Was
auf den ersten Blick wie eine bloße digitale Hygienemaß-
nahme erscheint, ist in Wahrheit aber nicht nur nutzlos,
sondern verursacht sogar Mehraufwand. Trotzdem drückt
mehr als die Hälfte aller Betroffenen auf »Löschen«, wenn
Spam im Posteingang landet.

Eindeutig besser ist es, die Spam-Mail als solche zu
kennzeichnen – dafür genügt ebenfalls ein Mausklick.
Das Programm verschiebt die Mail dann automatisch in
den Spam-Ordner. Durch die kleine, unaufwendige Aktion wird der Filter des Mailprogramms trainiert. Trifft
dann die nächste Mail von diesem Spam-Absender oder
mit einer ähnlichen Betreffzeile ein, so erkennt der Filter den Junk sofort und leitet die unerwünschte Post gleich
in den Spam-Ordner weiter. Dort kann man sie natürlich löschen. Oder aber man legt eine kurze Aufbewah-
rungsfrist für den Inhalt des Spam-Ordners fest – dann
werden die Junk-Mails nach ihrem Ablauf gelöscht, ohne
dass man extra tätig werden muss.

25.

**Wie schützt sich die Erbsenblattlaus
vor drohender Gefahr?**

A: Sie versprüht eine Nebelwolke.

B: Sie stürzt sich von der Pflanze.

C: Sie rollt sich zusammen und färbt sich grün.

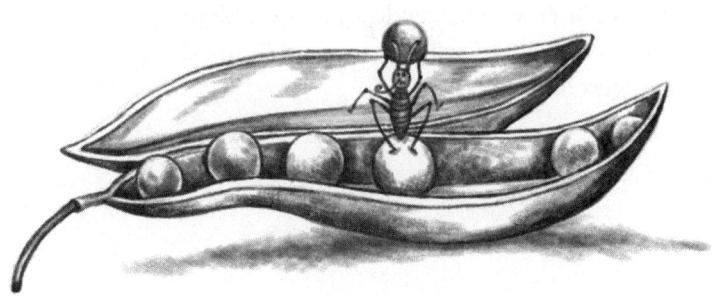

B: Sie stürzt sich von der Pflanze.

Der richtige Abwehrmechanismus ist in der Natur entscheidend, um das Überleben einer Art zu sichern. Bei Schädlingen wäre es uns allerdings lieber, wenn die Strategie nicht allzu ausgeklügelt ist. Gerade die Erbsenblattlaus, mit ihrem zwei bis vier Millimeter langen Körper eine der größten ihrer Art, kann für empfindliche Ertragseinbußen bei Erbsen, Ackerbohnen und anderen Futterpflanzen sorgen. Zudem legt sie ein geradezu explosionsartiges Wachstum an den Tag: Ein Weibchen setzt pro Tag bis zu zehn Junge ab! Da ist es nur gut, wenn Fressfeinde mal vorbeischauen und den Bestand dezimieren.

Allerdings ergeben sich die hellgrünen Tierchen nicht wehrlos ihrem Schicksal. Anhand von Erschütterungen der Pflanzenteile sowie durch Alarmpheromone ihrer Artgenossen erkennen sie die Gefahr und stürzen sich prompt in die Tiefe. Dabei unterscheiden sie sogar die Schwere der Bedrohung, schließlich muss es wohlüberlegt sein, ob sich der Sprung ins Ungewisse auch lohnt. Während sich bei kleinen Fressfeinden wie dem Marienkäfer nur wenige Blattläuse fallen lassen, sorgt eine knabbernde Ziege für einen wahren Massensturz. Kein Wunder, denn mit einem Happs wäre es ansonsten um die ganze Kolonie geschehen.

26.

**Warum befindet sich auf dem Album
»Hunky Dory« von David Bowie
der Verweis, »Life on Mars?« sei
»inspiriert von Frankie«?**

A: Frank Sinatra hatte ihm
mit »My Way« einen Hit geklaut.

B: Bowie hatte den Song mit
Frank Zappas Gitarre eingespielt.

C: Der Refrain besteht aus Zitaten
von Franklin D. Roosevelt.

A: Frank Sinatra hatte ihm mit »My Way« einen Hit geklaut.

Hinter manchen Songs verbirgt sich eine geheimnisvolle Entstehungsgeschichte. So wie bei David Bowies »Life on Mars?«, das 1971 auf dem vierten, bahnbrechenden Studioalbum »Hunky Dory« erschienen ist und 1973 als Single ausgekoppelt wurde. »Inspiriert durch Frankie« schrieb Bowie auf die Rückseite des LP-Covers – und legte damit eine Fährte für Neugierige. Was hatte der Brite mit Frank Sinatra zu tun?

Drei Jahre zuvor hatte der 21-jährige David Bowie den Auftrag bekommen, einen englischen Text auf das französische Chanson »Comme d'habitude« zu schreiben. Doch der kanadische Sänger und Songwriter Paul Anka kam ihm zuvor: Er kaufte die Rechte an dem französischen Lied und schrieb »My Way« darauf, das dann durch Frank Sinatra zum Welterfolg wurde. Bowie hatte das Nachsehen und ärgerte sich. Schließlich schrieb er »Life on Mars?« und versah es bewusst mit ähnlichen Harmonien wie »My Way«, sodass es als Anspielung oder auch kleine Rache an Anka und Sinatra gelten konnte.

27.
Im Unterschied zu Staudensellerie gilt für Knollensellerie, dass er …?

A: intensiver schmeckt

B: nicht eingefroren werden sollte

C: botanisch zu den Lauch-
gewächsen gehört

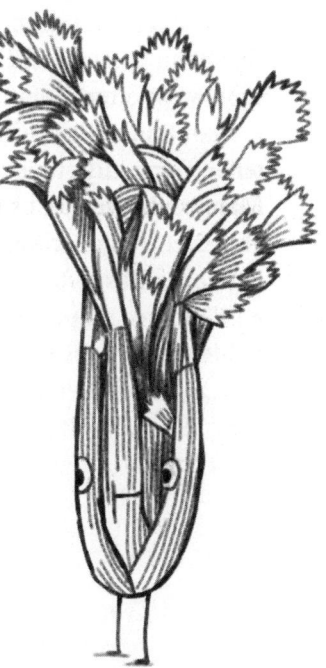

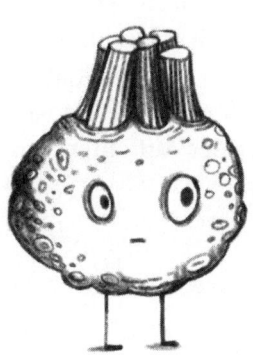

A: intensiver schmeckt

Sellerie ist ein beliebter Bestandteil unserer Küche, gern als Würzbasis in Suppen und Salaten. Erhältlich ist das Gemüse bei uns häufig in zwei Variationen: Staudensellerie – auch als Stangensellerie oder Bleichsellerie bekannt – und Knollensellerie. Beide sind Unterarten von Echtem Sellerie. Während Knollensellerie zum Wurzelgemüse zählt, gehört Staudensellerie zu den Doldenblütlern und stammt vom wilden Sellerie der Mittelmeerküsten ab. Beim Knollensellerie wird die Knolle verzehrt, beim Staudensellerie die Blattstiele. Während Staudensellerie ein milderes Aroma hat, schmeckt Knollensellerie herzhaft-intensiv. Der Grund ist eine Vielzahl an ätherischen Ölen in der Knolle. Hinzu kommt ein hoher Gehalt an Calcium und Eisen, was Knollensellerie zu einem sehr wertvollen Gemüse macht.

Man findet ihn häufig in Suppengrün. In fein geschnittener Form gilt er als Hauptzutat von Waldorfsalat oder Farmersalat. Er lässt sich roh oder gegart genießen, etwa als Püree. In dieser Variante eignet er sich bestens als Beilage oder Basis für Gemüsesuppen oder -terrinen. Auch wird er gern zu vegetarischem Schnitzel verarbeitet. Der mildere Staudensellerie gilt als beliebte Rohkost. Er lässt sich zum Beispiel mit Dips reichen oder auch in Salaten verarbeiten. Doch auch er kann durchaus gegart werden – etwa in Eintöpfen, Pastasoßen oder Aufläufen.

28.

Wird ein Gebrauchtwagen durch einen Händler »für Gewerbetreibende« oder als »Verkauf im Auftrag von privat« verkauft, ...?

A: gibt es ein vierwöchiges Widerrufsrecht

B: beträgt die Garantie drei statt zwei Jahre

C: gibt es keine Gewährleistungspflicht

C: gibt es keine Gewährleistungspflicht

So mancher Gebrauchtwagen sieht gut aus, auf den ersten Blick sind keine Mängel erkennbar – der Kauf ist perfekt. Der Ärger beginnt kurz darauf, wenn das gute Stück doch Macken aufweist. Was nun? In der Regel greift bei Händlern die Gewährleistungspflicht, die zwei Jahre lang besteht. Allerdings gibt es Ausnahmen.

So entfällt die Garantie etwa dann, wenn der Verkauf zwischen Privatleuten stattfindet und der Händler nur der Vermittler ist. Diese Lücke nutzen manche Händler, indem sie »Verkauf im Auftrag von privat« angeben – als privater Käufer sollte man daher unbedingt überprüfen, ob auch wirklich ein privater Auftraggeber dahintersteht. Ein Händler kann die Gewährleistung außerdem nach § 377 des Handelsgesetzbuches ausschließen, wenn er das Auto an einen anderen Gewerbetreibenden verkauft. Etwaige Mängel müssen auch in diesem Fall unbedingt bei der Übergabe geprüft werden, danach verfällt die Gewährleistung.

29.
Wie erhält die Basilika Sacré-Cœur in Paris ihr strahlendes Weiß?

A: Der Wind raut die Struktur der Steine auf.

B: Die Steine werden durch den Kontakt mit Regenwasser weiß.

C: Sogenannte effektive Mikroorganismen halten die Fassade sauber.

B: Die Steine werden durch den Kontakt mit Regenwasser weiß.

Strahlend weiß thront sie über dem Montmartre-Viertel in Paris: die Basilika Sacré-Cœur. Erbaut zwischen 1875 und 1914, ist sie mit ihrem neobyzantinischen Stil unverwechselbar. Seinerzeit war alles Orientalische sehr in Mode, die Architekten hatten sich von Bauwerken wie der Hagia Sophia in Istanbul und dem Markusdom in Venedig inspirieren lassen. Doch nicht nur ihre Form, sondern auch ihre Farbe macht diese Kirche einzigartig. Warum zum Teufel (wenn man so salopp fragen darf) bleibt sie so weiß, auch über mehr als hundert Jahre hinweg?

Das Geheimnis liegt in ihrem Material. Die Kirche ist aus frostbeständigem Travertin erbaut, einem porösen Kalkstein. In diesem Fall stammt er aus Château-Landon nördlich von Paris. Dieser Stein gibt bei Kontakt mit Wasser Kalkspat (Calcit) ab. So geschieht es auch bei der berühmten Basilika. Immer wenn es regnet, tritt Kalkspat aus, der dann auf den Steinen liegen bleibt und trocknet. Auf diese Weise bekommt Sacré-Cœur die kreideartige, strahlend weiße Farbe.

30.

Wie bewies der ungarische Chemiker George de Hevesy 1911, dass die Vermieterin seiner Pension Essensreste wiederverwertete?

A: Er machte ein Röntgenbild seiner Mülltonne.

B: Er markierte Speisereste mit radioaktivem Material.

C: Er führte eine Genanalyse ihres hölzernen Kochlöffels durch.

B: Er markierte Speisereste mit radioaktivem Material.

Bis zum Nobelpreis sollte es noch 32 Jahre dauern, doch schon bei seinem Forschungsaufenthalt in Manchester 1911 erwies sich der ungarische Chemiker George de Hevesy als sehr ideenreich. Der 26-Jährige war in die nordenglische Stadt gereist, um an der Seite des Briten Ernest Rutherford über radioaktive Zerfallsreihen zu forschen. Weil es für die kurze Zeit nicht lohnte, einen eigenen Hausstand zu gründen, mietete sich der junge Gelehrte in einer Pension ein.

Mit der Vermieterin war er jedoch alles andere als zufrieden. Er hatte sie in Verdacht, Fleischreste, die bei einer Mahlzeit übrig blieben, später wieder aufzutischen. Kurzerhand nahm er aus dem Labor etwas radioaktive Substanz mit und mischte sie unter das Essen. Und siehe da: An einem der nächsten Tage strahlten die servierten, angeblich frischen Speisen radioaktiv, wie Hevesy mithilfe seines mitgebrachten Elektroskops nachweisen konnte. Damit war die Vermieterin überführt.

31.
Das statische Aufladen synthetischer Wäsche lässt sich verhindern, indem sie …?

A: an einer Leine mindestens einen Meter über dem Boden trocknet

B: nach dem Trocknen auf einen Holzkleiderbügel gehängt wird

C: mit einem Ball aus Alufolie im Wäschetrockner getrocknet wird

C: mit einem Ball aus Alufolie im Wäschetrockner getrocknet wird

Wir alle kennen das unangenehme Gefühl elektrostatisch aufgeladener Kleidung: Streift man sich einen Pullover über den Kopf, knistern die Haare oder stehen sogar zu Berge und der Stoff klebt an der Haut. Berührt man dann noch etwas Metallisches oder eine andere Person, kommt es zur Entladung und man erhält einen leichten Stromschlag. Vor allem synthetische Kleidung wie Polyester oder Acryl ist – im Gegensatz zu Naturfasern – für elektrostatische Aufladungen sehr anfällig. Das liegt an der geringen Aufnahme von Feuchtigkeit und an der Reibung, die zum Beispiel im Wäschetrockner entsteht.

Um dies zu vermeiden, benötigt man lediglich etwas Alufolie. Ein großes Stück wird zu einem fünf Zentimeter großen Ball geformt und mit in den Trockner gelegt. Die Alufolie leitet die Elektrizität ab und verhindert, dass sich die Klamotten elektrostatisch aufladen. Der Alufolienball muss danach nicht entsorgt werden, sondern lässt sich problemlos bis zu sechs Monate wiederverwenden. Bereits in der Waschmaschine kann das Aufladen der Kleidung vermieden werden, indem zuvor Natron über das Wäscheteil gestreut wird. Oder bringen Sie bei problematischen Kleidungsstücken eine kleine Sicherheitsnadel an, die die Elektrizität zuverlässig ableitet.

32.

Was blinkt mit mindestens 60 und maximal 120 Lichtimpulsen pro Minute?

A: Infrarot-Fernbedienungen für Fernseher

B: Fahrtrichtungsanzeiger an einem Kraftfahrzeug

C: Scanner beim Abtasten eines Barcodes

B: Fahrtrichtungsanzeiger an einem Kraftfahrzeug

Fahrtrichtungsanzeiger, wie es im Fahrschuldeutsch heißt, gibt es schon seit hundert Jahren. Heute kennen wir sie als Blinker, früher nannte man sie Winker. 1912 entstand die Idee dazu, die ersten wurden 1922 gebaut und funktionierten mechanisch: als kleine Ärmchen, die seitlich aus dem Fahrzeug ragten und so die Richtung anzeigten. 1925 konstruierte Robert Bosch den elektrisch betriebenen und dazu beleuchteten Anzeiger, 1927 folgte ein elektrisches pendelndes Modell.

Noch heute sind die Winker bei Oldtimern erlaubt. Alle anderen Fahrzeuge haben mittlerweile Blinker. Denn 1956 endete die Vorschrift, dass ein Fahrtrichtungsanzeiger über die Umrisse des Fahrzeugs hinausragen sollte. Neuwagen mussten seitdem Blinker haben und Gebrauchte bis 1963 umgerüstet sein (die alten Winker durften aber dranbleiben). Auch mit welcher Frequenz die Blinker blinken dürfen, ist gesetzlich festgelegt. Die Straßenverkehrs-Zulassungs-Ordnung § 54, Absatz 1, schreibt 1,5 Hertz vor – toleriert wird dabei eine Abweichung von plus/minus 0,5 Hertz. Das entspricht mindestens 60 und maximal 120 Lichtimpulsen pro Minute.

33.
Die Bezeichnung »Apfelsine« …?

A: entstand, weil sie für eine weibliche
Apfelkreuzung gehalten wurde

B: ist Lateinisch und bedeutet,
dass die Frucht keine Steine enthält

C: kommt aus dem Niederländischen
und heißt »Apfel aus China«

C: kommt aus dem Niederländischen und heißt »Apfel aus China«

Orange oder Apfelsine? Eigentlich spielt es keine Rolle, denn beide Namen bezeichnen dieselbe Frucht. Aber »Apfelsine« verrät uns tatsächlich mehr über die Herkunft des beliebten Obstes – ebenso wie ihr botanischer Name »citrus sinensis«, denn der lautet übersetzt »chinesische Zitrus«. Die Orange stammt nämlich ursprünglich aus China, wo sie bereits vor 4000 Jahren kultiviert worden ist. Eine erste wissenschaftliche Beschreibung der »Goldenen Äpfel« findet sich bei Theophrast (374/369 v. Chr. – 288/285 v. Chr.), einem Schüler des griechischen Philosophen und Naturforschers Aristoteles.

Erst im 16. Jahrhundert brachten Portugiesen die süßen Früchte nach Lissabon. Von dort aus wurden sie in ganz Europa bekannt und beliebt. Im 17. Jahrhundert importierten auch niederländische Seefahrer die Zitrusfrucht und gaben ihr den Namen »appelsien« oder »sinaasappel«, was »Apfel aus China« bedeutet. Dadurch hat sich der Begriff »Apfelsine« im norddeutschen Sprachraum gefestigt, während sich der vom Französischen abgeleitete Begriff »Orange« eher im Süden Deutschlands durchsetzte, wobei es im Französischen tatsächlich auch die Bezeichnung »pomme de sine«, also »Apfelsine« gibt.

34.

Die Buchstaben- und Zahlenkombination »A113« taucht in vielen bekannten US-Animationsfilmen auf, weil »A113« …?

A: in der Entwicklersprache »I WAS HERE« bedeutet

B: der Raum einer Kunstschule war, wo viele Animationsfilmer studierten

C: ein Platzhalter für Schriftzüge ist, der häufig übersehen wird

B: der Raum einer Kunstschule war, wo viele Animationsfilmer studierten

In überraschend vielen Kunstwerken finden sich versteckte Besonderheiten – sogenannte Easter Eggs. So haben etwa manche Maler winzige Porträts von sich selbst in ihre Gemälde eingefügt: Da trägt dann zum Beispiel ein Gesicht in einer Menschenmenge ihre Züge. Ganz ähnlich verhält es sich mit der Buchstaben- und Zahlenkombination »A113«, die in vielen bekannten Animationsfilmen auftaucht: an Nummernschildern, Türen, Produkten oder in Dialogen. Sie ist kein Zufallsprodukt, sondern ebenfalls ein Easter Egg. Mit ihr erinnern einige erfolgreiche Filmschaffende wie Pete Docter (»Monster AG«, 2001), Brad Bird (»Ratatouille«, 2007) und John Lasseter (»Cars«, 2006 und 2011) an die eigenen Anfänge.

An der Kunsthochschule »California Institute of the Arts«, an der sie ihre Ausbildung durchliefen und den Grundstein für ihre Karrieren legten, gab es den Raum A113 – und in dem fand der Unterricht zur Animationskunst statt. Zum ersten Mal kommt die »A113« 1987 vor: auf dem Nummernschild eines Vans in »Family Dog«. Mittlerweile ist sie zum Running Gag in vielen Animationsfilmen geworden.

35.
**Worin unterscheiden sich
Mauersegler anatomisch
von den meisten anderen Vögeln?**

A: Ihre Krallen zeigen alle nach vorne.

B: Sie besitzen zwei zusätzliche
Nasenlöcher im Schnabel.

C: Ihre Augen sind unbeweglich.

A: Ihre Krallen zeigen alle nach vorne.

Mauersegler verbringen den größten Teil ihres Lebens in der Luft, deshalb hat sich ihre Anatomie im Laufe der Evolution auch perfekt angepasst. Die fast schwarzen, schwalbenähnlichen Vögel haben schmale, sichelförmige Flügel, die eine Spannweite von bis zu 40 Zentimetern erreichen können. Ihre Nahrung picken sie aus der Luft, sie begeben sich nur selten auf einen Ast oder auf den Boden. Da sie sich bei der Nistplatzsuche an steilen Haus- oder Felswänden festhalten müssen, zeigen alle vier Fuß- krallen nach vorn. Ganz im Gegensatz zu anderen Vögeln, bei denen eine Kralle immer nach hinten ausgerichtet ist, um einen Ast sicher umklammern zu können.

Die geselligen Luftikusse brüten in Baumhöhlen oder in Öffnungen an Gebäuden und sind extrem brutplatz- treu. Sogar das Nistmaterial sammeln sie im Flug ein. Dabei verwenden sie alles, was ihnen vor den Schnabel kommt – Halme, Federn, Haare, Papierfetzen – und ver- kleben es mit Speichel zu einem Nestring. Ihr Aufenthalt bei uns währt nur von Mai bis September, dann zieht es die rasanten Flieger auch schon wieder in wärmere Ge- filde. Leider sind die Vögel sehr gefährdet, vor allem Ge- bäudesanierungen können ganze Brutkolonien vernichten.

36.

Kommt es häufig zu erheblichen Abweichungen bei der vertraglich zugesicherten Internet-Geschwindigkeit, …?

A: kann die Abweichung nur für Werktage reklamiert werden

B: sind Kunden verpflichtet, ihren Datentransfer zu reduzieren

C: darf die Grundgebühr für den Internetanschluss gemindert werden

C: darf die Grundgebühr für den Internetanschluss gemindert werden

Während der Fußballübertragung bricht das Streaming ab. Wenn Sie Daten überspielen, bewegt sich die Sanduhr nur im Schneckentempo. Lahmt mal wieder das Internet auf diese oder ähnliche Weise, kann das viele Ursachen haben. Eine davon: Ihr Anbieter liefert die vertraglich vereinbarte Geschwindigkeit nicht, und zwar dauerhaft und in erheblichem Maße. Nachdem im Sommer 2021 das Telekommunikationsgesetz den EU-Richtlinien angepasst wurde, besteht unter anderem ein Recht auf schnelles Internet. Ist die Leitung dauerhaft zu langsam, hat man das Recht, die Grundgebühr für den eigenen Internetanschluss zu mindern. Dabei ist das vertraglich vereinbarte Entgelt »in dem Verhältnis herabzusetzen, in welchem die tatsächliche Leistung von der vertraglich vereinbarten Leistung abweicht«.

Um zu prüfen, ob es wirklich an Ihrem Anbieter liegt, können Sie sich zum Beispiel auf dem Link breitband messung.de der Bundesnetzagentur ein Messtool herunterladen, um Ihre aktuellen Übertragungsraten festzustellen. Liegt es nicht an der Leitung, können zum Beispiel auch veraltete Treiber, falsche Router-Einstellungen oder Antivirenprogramme der Grund für das Internet-Schneckentempo sein. Manchmal hilft es auch einfach, den Router kurz aus- und dann wieder einzuschalten.

37.

**Weshalb sind japanische,
mit der Tsuchime-Technik geschmiedete
Messer beliebt bei Köchen?**

A: Sie müssen nie geschärft werden.

B: Sie besitzen eine Seite mit Sägeschliff
und eine mit Glattschliff.

C: Das Schnittgut klebt nicht an der Klinge.

C: Das Schnittgut klebt nicht an der Klinge.

Was schön anzusehen ist, muss nicht immer auch praktisch sein, und umgekehrt gilt dasselbe. Im Fall der japanischen Messer, die mit Tsuchime-Technik geschmiedet werden, geht beides aber Hand in Hand. Die Klinge dieser Messer besticht schon optisch durch ihre gemusterte Oberfläche. Das Muster hat jedoch nicht nur einen dekorativen Zweck. Es sorgt auch dafür, dass weniger Schnittgut an der Klinge kleben bleibt, denn es führt zu winzigen Luftpolstern zwischen der Klinge und dem Schneidgut.

Wenn das Messer fertig geschmiedet ist, wird die Klinge erneut erhitzt und in diesem Zustand dann von Hand mit Hammerschlägen bearbeitet. Der Hammer wird dabei ganz gezielt geführt, sodass auf der Klinge, vor allem auf ihrem oberen Bereich, ein Muster entsteht. Und wie so oft bei echter Handarbeit gilt auch für dieses Finish: Da die Hammerschläge von Messer zu Messer niemals identisch sind, ist jedes Stück ein Unikat. Das Hämmern ist eine hohe Kunst – ein einziger falscher Schlag könnte die ganze Klinge zerstören.

38.

Was lässt sich aus einem Streichholz, einer Nadel, einer Büroklammer und Alufolie bauen?

A: Rakete

B: Wunderkerze

C: Elektromotor

A: Rakete

Auch wenn die Zutaten auf den ersten Blick unspektakulär wirken, geht das Bastel-Resultat letztlich ab wie eine Rakete. Für dieses Experiment werden ein Streichholz und eine Nadel in einen kleinen Streifen Alufolie ganz eng eingewickelt, wobei das Alu circa einen Zentimeter länger sein sollte als das Streichholz. Da die Nadel nach dem Prozess wieder herausgezogen werden muss, sollte sie unten etwas herausstehen. Wenn die Folie aufgewickelt ist, wird der Überstand direkt über dem Streichholzkopf umgeknickt. Dann ziehen Sie die Nadel heraus, sodass ein kleiner Abgaskanal entsteht.

Jede Rakete benötigt natürlich auch eine Startrampe. Dazu biegen Sie die innere Drahtschlaufe der Büroklammer schräg nach oben, der größere äußere Draht dient als Standfuß und fixiert die Rampe. Nun das Streichholz mit dem Kanal nach unten auf die Büroklammer legen und am gefalteten Ende oben anzünden. Wenn die Hitze so groß wird, dass das Schwefelköpfchen des Streichholzes zündet, erzeugen die entstehenden Verbrennungsgase im Abgaskanal genug Rückstoß, um die selbstgebaute Rakete in die Luft zu befördern.

39.

**Der australische Popsänger
Cody Simpson pausiert seit 2018 seine
musikalische Karriere, um als ...?**

A: Pilot den Premierminister regelmäßig
nach Europa zu fliegen

B: Astrophysiker für die NASA zu forschen

C: Schwimmer an den Olympischen
Spielen 2024 teilzunehmen

C: Schwimmer an den Olympischen Spielen 2024 teilzunehmen

So etwas nennt man wohl Doppelbegabung: einerseits ein erfolgreicher Sänger, andererseits ein ambitionierter Schwimmer. Der Mann, um den es hier geht, heißt Cody Simpson, geboren 1997 in Australiens sechstgrößter Stadt Gold Coast. Schon mit sieben fing er an, seine ersten Lieder zu schreiben und Gitarre zu spielen, mit elf stellte er seine ersten Videos auf YouTube. Ein Musikproduzent wurde auf ihn aufmerksam und im Sommer 2010 erschien »iYiYi«, seine erste und bis heute erfolgreichste Single. Es folgten Tourneen, die ihn auch nach Europa führten, oft im Vorprogramm von Justin Bieber. Auf Instagram hat Cody rund vier Millionen Follower.

Doch neben der Musik frönt der Ex-Freund von Popstar Miley Cyrus noch einer anderen Leidenschaft: Er ist Leistungsschwimmer. Nach nur einem knappen Jahr Training schaffte er es in die australischen Ausscheidungswettkämpfe für die Olympischen Spiele 2020 in Tokio, die allerdings während der Coronaepidemie erst ein Jahr später ausgetragen wurden. Im Finale um die Teilnahme belegte er zwar nur den letzten Platz, doch das stachelte seinen Ehrgeiz nur weiter an. Jetzt will sich Cody Simpson als Teil des australischen Schwimmteams für die Olympischen Spiele 2024 in Paris qualifizieren. Um sein Ziel zu erreichen, trainiert er bis zu zwölf Mal pro Woche. In dieser Zeit muss seine Karriere als Musiker hintanstehen.

40.

Was ist bei Backöfen der Unterschied zwischen Umluft und Heißluft?

A: Heißluft benötigt 20 Grad Celsius mehr, als auf der Verpackung angegeben.

B: Heißluft eignet sich besonders für Auflauf, aber nicht für Pizza.

C: Bei Heißluft kommt die Hitze von außen in den Garraum.

C: Bei Heißluft kommt die Hitze von außen in den Garraum.

Die Zeiten, in denen es nur wichtig war, dass ein Backofen irgendwie heiß wird, sind schon längst vorbei. Heute haben wir eine riesige Auswahl an technischen Möglichkeiten und unterschiedlichen Einstellungen. Das zeigt sich bereits an den hieroglyphenartigen Symbolen am Backofenschalter, die oft schwer zu deuten sind. Doch welche Methode wie funktioniert und was die Unterschiede sind, ist nochmal eine andere Sache.

Fangen wir also ganz banal mit Ober- und Unterhitze an: Hierbei wird die Wärme an Heizstäben oder -spiralen in der Decke und im Boden des Ofens erzeugt. Will man mehrere Bleche übereinander backen, funktioniert die Wärmeverteilung leider nicht mehr optimal. Dafür kann die Umluft-Funktion zugeschaltet werden, die die Hitze mit Hilfe eines Ventilators verteilt, sodass von allen Seiten gleichmäßig gebacken werden kann. Dieser Ventilator ist in der Rückwand, also im Inneren des Ofens, eingebaut. Bei der modernen Heißluft-Funktion hingegen wird die Hitze von einem Ringheizkörper an der Ofenhinterwand produziert. Ein Ventilator befördert dann die bereits erhitzte Luft ins Innere. Vorteil: Da die heiße Luft von außen in den Garraum gelangt, muss bei Heißluft nicht extra vorgeheizt werden.

41.
Wofür haben US-Forschende eine Methode mit Mikronadel-Pflaster entwickelt?

A: Lokalisation von Frakturen
ohne Röntgenstrahlung

B: Blei-Entgiftung innerhalb
weniger Stunden

C: Entnahme von Biomarkern
ohne Blutabnahme

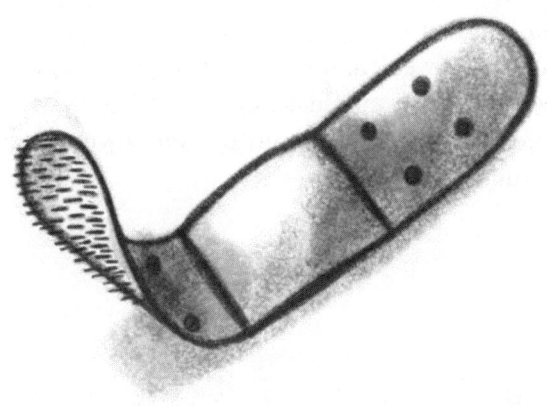

C: Entnahme von Biomarkern ohne Blutabnahme

Gehört die Angst vor der Spritze vielleicht bald der Vergangenheit an? Forschende der Washington University School of Medicine haben eine alternative Methode entwickelt, um etwa für Krankheitsdiagnosen wichtige Biomarker zu erhalten. Das Mikronadel-Pflaster könnte, zumindest in Teilen, vielleicht die bisherige Methode der Blutentnahme ablösen, die in heutigen Diagnosen Standard ist. Das etwa 1-Cent-große Pflaster mit seinen 0,6 Millimeter kleinen Mikronadeln wird auf die Haut geklebt. Dadurch tritt Gewebsflüssigkeit aus, sogenannte proteinreiche interstitielle Flüssigkeit, die unsere Hautzellen umgibt. Sie wird auf einem Teststreifen aufgefangen.

Weil die winzigen Nadeln keinen Kontakt zu unseren Nervenzellen bekommen, ist der Vorgang vollkommen schmerzlos. Zudem ist das Pflaster – anders als etwa Spritzen – biologisch abbaubar und von daher auch noch umweltschonend. Die Biomarker werden mit fluoreszierender Farbe auf der Pflasterrückseite sichtbar gemacht. So könnten etwa die Diagnosen von Herzinfarkten beschleunigt werden, während die Betroffenen noch im Krankenwagen fahren. Oder es könnte eine Prädiabetes leichter festgestellt werden, um nur zwei Anwendungsbeispiele zu nennen.

42.

**Was hilft, um den Farbverlust
von roten Zwiebeln beim Kochen
zu verhindern?**

A: Zwiebeln vorher einige Minuten
in kaltes Wasser legen

B: Zwiebeln kurz in Stärke schwenken

C: Schuss Essig dazugeben

C: Schuss Essig dazugeben

Rote Zwiebel sind nicht nur optisch eine wahre Bereicherung unserer Speisen, sondern auch ziemlich lecker. Ihr süßlicher, eher milder Geschmack unterscheidet sie von anderen Gemüsezwiebeln und auch die enthaltenen Mengen an Vitamin C und B sind doppelt so hoch wie bei jenen. Verantwortlich für die kräftige rote Farbe sind Anthocyane, wasserlösliche Pflanzenfarbstoffe, die zu der Gruppe der Antioxidantien gehören. Sie bieten Schutz vor sogenannten »freien Radikalen«, also gefährlichen Sauerstoffverbindungen, die der Körper entweder selbst bildet oder die durch schädliche äußere Einflüsse wie Zigarettenrauch oder Umweltgifte entstehen. Das Immunsystem wird so gestärkt und Nerven sowie Zellen können länger gesund bleiben.

Damit das Superfood auch ein Augenschmaus bleibt, sollte beim Kochen ein Schuss Essig zu den Zwiebeln gegeben werden. Die Säure erhält die Farbe, und das kräftige Rot verwandelt sich nicht in ein gräuliches, unappetitliches Etwas. Einen ähnlichen Effekt in Grün kann man bei Erbsen mit einer Prise Zucker erreichen, bei Spinat und Kohl hilft auch etwas Natron (ein Teelöffel auf einen Liter Wasser). Brokkoli behält wiederum ebenfalls mit einem Schuss Essig seine frische grüne Farbe.

43.

**Durchschnittlich sind Frauen
im Vergleich zu Männern ...?**

A: beim Bestellen im Restaurant
entscheidungsfreudiger

B: durch ihr Konsumverhalten
klimaschädlicher

C: abends früher müde und
morgens früher wach

C: abends früher müde und morgens früher wach

Spätestens, wenn mal wieder eine Zeitumstellung erfolgt, merken wir, wie empfindlich unsere innere Uhr reagiert. Störungen in unserem Schlafrhythmus werden unter anderem mit Depressionen, Gewichtsproblemen und Herzkrankheiten in Verbindung gebracht. Nun haben die beiden Mediziner Garret FitzGerald und Sean Anderson von der Universität Pennsylvania im Wissenschaftsmagazin »Science« eine Studie vorgestellt, wonach Frauen in der Regel völlig andere Schlafphasen haben als Männer. Sie sind eher Morgenmenschen und schütten abends früher Melatonin aus. Deswegen schlafen sie früher, mehr und besser als Männer, die eher Nachtmenschen sind. Daher, so die Wissenschaftler, würden Frauen in der Regel widerstandsfähiger auf Störungen der inneren Uhr reagieren. Diese Studie, an der rund 53 000 Personen teilnahmen, hat erstmals in der Schlafforschung die Rolle des Geschlechts intensiver untersucht.

Bislang wurde hauptsächlich zwischen »Lerchen« (Frühaufstehern) und »Eulen« (Nachtmenschen) unterschieden. Kinder galten normalerweise als Lerchen, während sie sich als Teenager in Eulen verwandeln. Im Alter werden wir dann oft wieder zu Lerchen, was gern humorvoll als senile Bettflucht bezeichnet wird. Laut den beiden US-Forschern sind Frauen eher Frühaufsteherinnen, weil sie sich traditionell dem Kindesrhythmus anpassen müssen.

44.

**Wer bei modernen Waschmaschinen
zu viel Waschmittel verwendet, sorgt dafür,
dass …?**

A: die saubere Wäsche mehr Zeit
zum Trocknen benötigt

B: die Waschmaschine mehr
Energie verbraucht

C: das Flusensieb schneller verstopft

B: die Waschmaschine
mehr Energie verbraucht

Viel hilft viel – der alte Satz gilt nur selten. Schon gar nicht da, wo modernste Technik im Spiel ist, etwa bei Waschmaschinen. Die meisten sind mittlerweile mit Sensoren ausgestattet, die bei zu viel Waschlauge in der Trommel anschlagen. Dann werden zusätzliche Spülgänge ausgelöst, bis kein Schaum mehr in der Wäsche ist. Und das kostet natürlich extra Wasser und Strom.

Tipp: Das Waschmittel immer nach Härtegrad des Wassers (über die Kommune zu erfahren) und Verschmutzung dosieren. Auf der Packung steht eine Anleitung. (Aber Vorsicht: Entspricht das Fassungsvermögen Ihrer Waschmaschine der Wäschemenge, die auf der Packung angegeben ist?) Natürlich spart es auch Energie, stets nur bei voller Trommel auf »Start« zu drücken. Trotzdem sollte verschmutzte Wäsche nicht ewig herumliegen – desto schwerer gehen die Flecken nämlich raus. Und: Eco-Programme sind wirklich sparsamer, auch wenn sie mehr Zeit brauchen. Die Maschine heizt dann langsamer auf und benötigt geringere Temperaturen.

45.

Warum bleibt der Schnabel des Spechts beim Hämmern nicht im Baum stecken?

A: Er dreht seinen Kopf und zieht die Spitze des Oberschnabels zurück.

B: Er bildet einen Ölfilm auf dem Schnabel.

C: Vor dem Hämmern hobelt der Specht den Locheingang glatt.

A: Er dreht seinen Kopf und zieht die Spitze des Oberschnabels zurück.

Allein vom Zusehen bekommen wir schon Kopfschmerzen, wenn wir Spechte bei ihrer Arbeit beobachten. Tok, tok, tok – beharrlich und scheinbar mühelos klopfen und hämmern sie in senkrechter Lage fröhlich in das harte Baumholz. Dabei können sie eine Geschwindigkeit von bis zu 25 Kilometer pro Stunde erreichen. Warum ihr Schnabel nicht im Holz stecken bleibt, haben Forschende aus Antwerpen im Jahr 2021 herausgefunden. Bei der Betrachtung von Videomaterial, das Bild für Bild analysiert wurde, erkannten sie die besondere Technik des Vogels: Der Specht kann beide Schnabelhälften unabhängig voneinander bewegen. Pickt er in das Holz, dreht er den Kopf um wenige Grade, hebt die Spitze des Oberschnabels leicht an und zieht sie zurück. So entsteht ein kleiner Freiraum zwischen Schnabel und Holz und der Schnabel kann wieder schnell herausgezogen werden.

Auch die Anatomie des Spechts weist Besonderheiten auf. Das Gehirn füllt den Schädel fast voll aus, sodass es während der Schläge nicht hin- und herschwappen kann. Zusätzlich werden die Erschütterungen durch einen ausgeklügelten Aufbau aus Knochen und Muskeln abgefedert. Der »Specht-Stoßdämpfer« gilt in der Forschung sogar als Vorbild für die Entwicklung effizienter Schutz-Techniken.

46.
Was ist das Besondere an der Struktur eines Romanesco-Blumenkohls?

A: Die Drehrichtung der Türmchen zeigt den Jahrgang der Ernte an.

B: Jedes Türmchen ist eine kleine Kopie des ganzen Romanescos.

C: Die Türmchen gleichen der Form eines Chlorophyll-Atoms.

B: Jedes Türmchen ist eine kleine Kopie des ganzen Romanescos.

Er trägt den komplizierten biologischen Namen »Brassica oleracea convar. Botrytis«, aber wir kennen ihn als Romanesco-Blumenkohl. Seine außergewöhnliche, an kleine Tannenbäume erinnernde Optik sucht ihresgleichen. Dieses Gemüse besteht aus vielen kleinen Pyramiden, die wiederum selbst aus kleinen Pyramiden bestehen, und wird deswegen auch Türmchen- oder Minarettkohl genannt. Nur wenige andere Pflanzen weisen wie der Romanesco eine sogenannte Selbstähnlichkeit auf. Sprich: Einzelne Teile, wie in diesem Fall die Türmchen, ähneln bei näherer Betrachtung dem gesamten Objekt. Es wiederholen sich immer wieder dieselben Strukturen.

Wie die besondere Form des ursprünglich aus der Region von Rom stammenden Kohls entsteht, hat ein internationales Forschungsteam 2021 untersucht. Demnach ist die Genregulation der Blütenentwicklung gestört, sodass aus den Knospen keine Blüten, sondern Stängel entstehen. Die bilden dann wiederum kleinere Blütenansätze, die zu immer kleineren Stängeln werden. Jedes Türmchen ist dabei eine kleine Kopie des ganzen Romanescos. Das nennt man fraktale Struktur. Der Romanesco-Blumenkohl ist übrigens, anders, als oft vermutet, keine Kreuzung aus Blumenkohl und Brokkoli, sondern eine eigenständige Kohlart. Er hat sogar mehr Vitamin C und Karotin als Blumenkohl, enthält kaum Fett und ist gut verdaulich. Hübsch anzusehen und gesund – was will man mehr!

47.

Wer das Dufterlebnis seiner Pflanzen im eigenen Garten intensivieren möchte, sollte …?

A: im Sommer Blüten und Blätter ausgiebig gießen

B: einen tiefergelegten Gartenteil anlegen

C: ein Insektenhotel im Blumenbeet aufstellen

B: einen tiefergelegten Gartenteil anlegen

Blumenfans bringen den Duft ihrer Lieblinge voll zur Geltung, wenn sie diese in einen tiefergelegten Gartenteil pflanzen. Je nach örtlichen Voraussetzungen wird eine kleine rechteckige Fläche 50 bis 80 Zentimeter tief ausgehoben und von Natursteinmauern eingefasst, am besten auch mit ein paar Stufen für einen leichten Zutritt versehen. Der entstandene Senkgarten ist nun besser vor Wind geschützt und die Sonnenwärme hält sich besonders gut, da die Steine sie speichern und später langsam wieder abgeben. Das Blütenaroma sammelt sich also in diesem Bereich und steigt mit der warmen Luft nach oben. So entsteht ein intensives Dufterlebnis der besonderen Art.

Ist das lauschige Plätzchen noch mit einer gemütlichen Sitzgelegenheit ausgestattet, profitiert man selbst auch von den Vorteilen. Zudem lässt der neue Gartenteil das Grundstück abwechslungsreicher und damit größer wirken. Dieser Eindruck wird mit einem Wasserelement, zum Beispiel einem kleinen Teich oder Brunnen, durch die reflektierende Wasseroberfläche sogar noch verstärkt. Das architektonische Gestaltungselement des Senkgartens geht zurück auf die italienischen Gärten der Renaissance. Die Idee der »Sunken Gardens« wurde im 16. und 17. Jahrhundert in der englischen Gartenkunst aufgegriffen und im 20. Jahrhundert wiederentdeckt.

48.

Der Bundestag unterbrach 1964 seine Sommerferien und legte eine Sondersitzung ein, weil die Bundesregierung …?

A: einen Fleischerstreik und Wurstknappheit zu verantworten hatte

B: eine Erhöhung der Telefongebühren beschlossen hatte

C: durch erhöhtes Minirock-Aufkommen die guten Sitten verletzt sah

B: eine Erhöhung der Telefongebühren beschlossen hatte

Am Mittwoch, den 29. Juli 1964, eröffnete um 15:02 Uhr Bundestagspräsident Gerstenmaier die erst zweite Ferien-Sondersitzung des Bundestages in dessen 15-jähriger Geschichte. Der Grund: die geplante Erhöhung der Fernmeldegebühren durch den Bundesminister für das Post- und Fernmeldewesen Richard Stücklen (CSU). Die oppositionelle SPD mit ihrem Fraktionsvorsitzenden Fritz Erler hatte in einem Eilantrag verlangt, das Parlament solle den Bundeskanzler Ludwig Erhard auffordern, die für den 1. August vorgesehene Erhöhung rückgängig zu machen. Diese hatte für gewaltige Schlagzeilen gesorgt. Der Preisaufschlag war für damalige Verhältnisse denn auch ziemlich happig: beispielsweise bis zu 150 Prozent Mehrkosten für Ferngespräche im Nachttarif, 20 statt 16 Pfennig für Stadtgespräche oder 18 statt zwölf Mark Grundgebühr für einen Telefonanschluss.

Anders als heute war ein privater Telefonanschluss damals noch eine ziemlich privilegierte Angelegenheit und entsprechend selten. Es gab gerade einmal 650 000. Trotzdem schwappte über Stücklens Ministerium und die Oberpostdirektionen die »Volkswut«, wie eine Zeitung schrieb. Allein in Hamburg kündigten 600 Menschen ihren Anschluss oder zogen ihren Telefonantrag zurück. Es nützte alles nichts: Die Gebührenerhöhung kam trotzdem. Am Ende fiel sie allerdings – vielleicht aufgrund der Sondersitzung – in Teilen doch noch etwas niedriger aus: Bei den Stadtgesprächen betrug sie zwei statt vier Pfennig ...

49.

Was schenkten die Rolling Stones 1995 dem Präsidenten der Tschechischen Republik Václav Havel?

A: Lichttechnik für die Prager Burg

B: Tanzunterricht bei Mick Jagger

C: CD mit ihrem Coversong
»Václav Got to Do with It«

A: Lichttechnik für die Prager Burg

»Die Steine rollen in Prag ein, die Panzer rollen aus Prag heraus.« Dieser Slogan kündigte den ersten Auftritt der »Rolling Stones« nach der Samtenen Revolution 1989 in der Hauptstadt der damaligen Tschechoslowakei an. Das Konzert fand am 18. August 1990 vor über 100 000 Fans im Spartakiade-Stadion im Prager Stadtteil Strahov statt, die Karten kosteten ein Zehntel des damaligen Monats-Bruttolohns.

Fünf Jahre später gastierten die »Stones« wieder in Prag. Dieses Konzert am 5. August 1995 gehört mit rund 130 000 Menschen bis heute zu den meistbesuchten Musikevents im ganzen Land. Die Band wurde auch vom Präsidenten des Landes empfangen – vom Dichter und ehemaligen Dissidenten Václav Havel, der selbst ein großer Fan war. Er führte die Musiker durch die Prager Burg, seine Residenz, und erwähnte dabei auch Probleme mit der Beleuchtung. Kurzerhand beschlossen die »Stones« zu helfen. Sie spendeten 32 000 US-Dollar für die Überholung der Kronleuchter in vier Sälen und schenkten Havel eine Fernbedienung, mit der er das Licht einschalten, dimmen oder erhellen konnte.

50.
**Entsteht in einem Wein ein
sogenannter Geranienton, …?**

A: verblasst seine Farbe durch
Sonneneinstrahlung

B: riecht er unangenehm nach Blättern
und Blüten von Geranien

C: bilden sich blumenartige Flocken
am Boden der Flasche

B: riecht er unangenehm nach Blättern und Blüten von Geranien

Auf dem Balkon oder in Blumenkästen und -töpfen freuen wir uns den ganzen Sommer über an dem Blütenmeer, das uns Geranien bis zum ersten Frost bescheren. Über deren Duft kann man zwar streiten, aber wo wir ihn wirklich nicht riechen wollen, ist im Wein. Wenn einem statt ausgewogener und angenehmer Aromen eine Geraniennote in die Nase steigt, sollte man lieber auf den edlen Tropfen verzichten. Dann liegt nämlich ein seltener Weinfehler vor, der das Getränk praktisch ungenießbar macht. Doch wie kommt es zu dieser unangenehmen Geruchsentwicklung?

Die Ursache liegt im Konservierungsmittel Sorbinsäure, das in vielen Lebensmitteln enthalten ist. In der Zutatenliste wird sie innerhalb der EU auch als E 200 aufgeführt. Sorbinsäure schützt den Wein vor Pilz-, Schimmel- und Hefebefall, allerdings ist sie wirkungslos, wenn Essig- oder Milchsäurebakterien am Werk sind. Ist das in einem Wein der Fall, wird die Sorbinsäure unter Einfluss des enthaltenen Alkohols (Ethanol) zu 2-Ethoxy-3,5-Hexadien umgewandelt. Der Wein schmeckt dann bitter-erdig und riecht unangenehm nach Blättern und Blüten von Geranien, denn der Stoff ähnelt dem in Geranien enthaltenen Duftstoff Geraniol.

51.

Der in Kaffeebohnen enthaltene Bitterstoff Kahweol kann dafür sorgen, dass ...?

A: die anregende Wirkung von Koffein länger anhält

B: Milch auch für laktoseintolerante Menschen verträglich wird

C: der Kaffee als weniger bitter wahrgenommen wird

C: der Kaffee als weniger bitter wahrgenommen wird

Bei Kaffee kommt es auf Nuancen an. Mehr als 800 Aromen spielen hier mit, darunter natürlich das Koffein. Das wirkt nicht nur anregend, sondern ist auch einer von vielen Bitterstoffen in unserem Lieblingsgetränk. Das Leibniz-Institut für Lebensmittel-Systembiologie und die TU München haben nun untersucht, wie fünf unterschiedlich starke Bitterstoffe im Kaffee zusammenwirken.

Das Ergebnis: Von den 25 Bitterstoffrezeptoren, über die der Mensch verfügt, reagieren hauptsächlich zwei auf Kaffee – TAS2R46 und TAS2R43. Von Koffein braucht es relativ große Mengen, damit sie ansprechen. Bei anderen Bitterstoffen genügen schon geringere Konzentrationen. Besonders interessant aber: Manche Bitterstoffe im Kaffee behindern sich gegenseitig in ihrer Wirkung. So setzt sich etwa das Kahweol, das nur wenig bitter schmeckt, wie ein Stöpsel in den Rezeptor TAS2R43 und verhindert, dass der stärkere Bitterstoff Mozambiosid wirksam wird. Kahweol ist vor allem in ungefilterten Kaffeezubereitungen wie etwa Espresso enthalten. Deshalb schmeckt Espresso also weniger bitter.

52.

**Im 18. und 19. Jahrhundert war es
in französischen Theatern üblich, dass …?**

A: Statisten aus dem Schweigekloster
rekrutiert wurden

B: Damen im Publikum gegen Bezahlung
lauthals schluchzten

C: Kleidungsstücke in der Garderobe
absichtlich vertauscht wurden

B: Damen im Publikum gegen Bezahlung lauthals schluchzten

Claqueure gibt es, seit das Theater existiert. Schon im Alten Griechenland saßen bezahlte Leute auf den Rängen, um das Publikum zum Beifallklatschen zu animieren. Heute kennt man bei Fernsehshows die Einheizer, sogenannte Warm-Upper. Sie sorgen dafür, dass das Publikum schon in Stimmung ist, wenn die Show beginnt, und halten es in Live-Übertragungen bei Laune, während die Werbepause läuft.

Doch nicht nur klatschen lässt sich auf Befehl. Auch »Noch mal«-Rufe wurden im Lauf der Theatergeschichte schon »bestellt«. Oder man beauftragte eigens Leute, die in der Pause umherliefen und mit Kennermiene Lob von sich gaben. So ließ sich das Publikum auch beeinflussen. Und dann gibt es natürlich das bezahlte Lachen. Im 20. Jahrhundert spielte man bei Radioübertragungen gern etwas Lachen vom Band ein, im Paris des 18. Jahrhunderts saßen Lachende leibhaftig im Publikum. Was aber, wenn ein Stück eher auf Rührung setzte statt auf Komik? Bei Tragödien und Melodramen engagierte man einfach professionelle Schluchzerinnen. Ihre Aufgabe war es, während rührender Szenen lauthals zu weinen. Damit beauftragt wurden Frauen – ihnen traute man wohl überzeugenderes Schluchzen zu.

53.

Wie lassen sich auch länger gelagerte Walnüsse im Ganzen aus der Schale holen?

A: etwa 24 Stunden in Wasser legen

B: 30 Sekunden auf eine eingeschaltete Herdplatte legen

C: mehrere Minuten in einem Küchentuch über dem Kopf schwingen

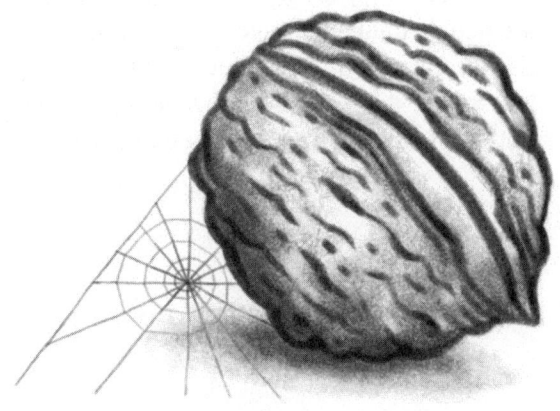

A: etwa 24 Stunden in Wasser legen

Walnüsse sind ein wahres Power-Food: Sie enthalten viele Vitamine, Proteine, Antioxidantien und ungesättigte Fettsäuren. Diese haben positive Auswirkungen auf den Cholesterinspiegel und unterstützen unseren Körper bei der Aufnahme der fettlöslichen Vitamine A, D, E und K. Zwischen September und November ist Erntezeit und da die Nüsse problemlos mehrere Monate an einem kühlen Ort gelagert werden können, sind sie im Winter eine gesunde und willkommene Bereicherung unseres Speiseplans: Ob im Müsli, Brot, Gebäck oder Salat – die Verwendung ist vielfältig.

Allerdings gestaltet sich die Verarbeitung mühsam, wenn sich der Kern nur schwer aus der Schale lösen lässt. Das passiert meist, wenn die Nüsse schon älter und entsprechend trocken sind. Wer auf ein mühsames Gepfriemel keine Lust hat, sollte die Walnüsse 24 Stunden in Wasser legen und mit einem Deckel beschweren, sodass sie unter Wasser gehalten werden. Der Nusskern nimmt über die Schale die Feuchtigkeit auf und wird so wieder elastischer. Das sorgt für eine deutliche Entspannung bei der Nussernte, denn der Kern bricht nicht mehr so schnell und lässt sich meist im Ganzen aus der Schale lösen.

54.

Um sich auf einem Fahrrad ohne Schutzblech bei einer regnerischen Tour vor Matschspritzern auf dem Rücken zu schützen, helfen …?

A: Flüssigharz und Pumpspritze

B: Kabelbinder und PET-Flasche

C: Spülschwamm und Haushaltsgummi

B: Kabelbinder und PET-Flasche

DIY (Do it yourself) ist voll im Trend. Manche Leute haben es sogar zu ihrem Beruf gemacht und auf Social Media ihre eigenen Kanäle, mit denen sie richtig Geld verdienen. Dabei geht es nicht nur um den Spaß am Handwerklichen, sondern oft auch um Nachhaltigkeit. Die Bastelvideos zeigen, wie man aus vorhandenem Material sinnvolles Neues machen kann, somit Ressourcen schont und Müll vermeiden hilft.

Auch ein Schutzblech fürs Fahrrad lässt sich nach dieser Methode basteln. Man braucht dafür lediglich Kabelbinder und eine PET-Flasche. Und natürlich etwas, womit man die PET-Flasche aufschneiden kann. Denn so wird's gemacht: Die PET-Flasche der Länge nach zweiteilen. Eine Hälfte nehmen und in ihren oberen Teil zwei Löcher bohren. Dann die Hälfte mittels Kabelbinder am Sattelträger befestigen, und zwar so, dass die Wölbung nach oben zeigt. Fertig ist der praktische Spritzschutz! Gerade ultraleichte Rennräder, bei denen auf alles verzichtet wurde, was das Gewicht erhöht, lassen sich auf diese Weise nachträglich aufpimpen. Damit der Rücken trocken bleibt.

55.
In einem Brief verriet Friedrich der Große seinem Freund Voltaire, dass …?

A: er lieber in Bayern als in Preußen Urlaub macht

B: die Bilder, die ihn zeigen, ihm gar nicht ähnlich sehen

C: einige seiner Gesetze auf verlorene Wetten zurückgehen

B: die Bilder, die ihn zeigen, ihm gar nicht ähnlich sehen

Friedrich den Großen und Voltaire, den französischen Philosophen der Aufklärung, verband eine 42-jährige Brieffreundschaft, die auch schwierige Zeiten überdauerte. Gesehen haben sich die beiden großen Persönlichkeiten des 18. Jahrhunderts eher selten. Im Jahr 1777 bezog sich Voltaire in seinem Brief an den preußischen König auf eine Gedenkmünze, die Friedrich ihm geschickt hatte, wie folgt: »Wenn die Denkmünze Ihnen ähnelt, finde ich Leben und Feuer in Ihrem Blick und Ihrem Gesicht und die kraftvolle Gesundheit eines Helden.«

Darauf antwortete Friedrich ihm: »Sie müssen wissen, dass ich mich niemals malen lasse und dass infolgedessen weder meine Porträts noch meine Denkmünzen Ähnlichkeit mit mir haben.« Die Darstellungen sollten laut Friedrich mehr von seiner Bedeutung zeugen, als sein reales Äußeres zu dokumentieren. Tatsächlich zeigen die historisch überlieferten und bis heute in Geschichtsbüchern abgebildeten Porträts ein idealisiertes Bild des Monarchen. In Wirklichkeit hatte er eine stark gebogene Nase und hielt sich selbst für hässlich.

56.
Wer »Autobahnhypnose« erlebt, ...?

A: imitiert den Fahrstil des
vorneweg fahrenden Autos

B: fährt Auto, kann sich aber an
die konkrete Fahrt nicht erinnern

C: kann Rücklichter nicht mehr von
Bremslichtern unterscheiden

B: fährt Auto, kann sich aber an die konkrete Fahrt nicht erinnern

Vielleicht kennen Sie das Gefühl, mit Ihrem Auto ein Ziel erreicht zu haben, aber nicht mehr genau zu wissen, wie Sie dorthin gekommen sind. Keine Angst, Sie leiden weder an einer krankhaften Amnesie noch hat Ihr zweites Ego das Steuer übernommen – Sie haben einfach eine Autobahnhypnose erlebt. Sie ist auch unter dem Begriff White-Line-Fieber bekannt und bezeichnet einen tranceähnlichen Zustand, in dem eine Person erlernte Handlungen ausführt, ohne dass sie dabei bewusst nachdenken muss. Es stellt sich ein gewisser Automatismus ein, an den man sich später nicht mehr im Detail erinnern kann. Dabei spielt es keine Rolle, ob Sie nur eine kurze Strecke gefahren sind oder mehrere Hundert Kilometer zurückgelegt haben.

Anders als beim ermüdeten Fahren wird die Umgebung im Zustand der Autobahnhypnose automatisch nach Bedrohungen durchsucht und das Gehirn gewarnt, wenn eine Gefahr naht. Bei Schlafmangel am Steuer stellt sich hingegen ein Tunnelblick ein und die Reaktionsfähigkeit verringert sich. In beiden Fällen ist es aber sicherer, regelmäßige Pausen einzulegen, um wieder voll und ganz bei der Sache zu sein.

57.
Weibliche afrikanische Anubispaviane …?

A: machen ein Duck-Face,
wenn sie um Essen betteln

B: fressen Anti-Baby-Pflaumen

C: werden im Frühjahr schlanker,
obwohl genug Futter da ist

B: fressen Anti-Baby-Pflaumen

Mit ihrem Namensgeber Anubis, dem ägyptischen Gott des Totenkultes, hat die Pavianart nur die hundeähnliche Schnauze gemeinsam. Ansonsten sind die Tierchen lebensfroh und quietschfidel. Sie gehören zu der am weitesten verbreiteten Pavianart, deren Lebensraum sich über große Teile Mittelafrikas erstreckt. Vor allem die Weibchen haben einen erstaunlichen Instinkt entwickelt, was ihren Nachwuchs oder – besser gesagt – die gezielte Vermeidung desselben angeht. Während der Regenzeit von August bis Oktober fressen sie vermehrt schwarze Pflaumen.

Diese Früchte enthalten ein pflanzliches Hormon, das in der Wirkungsweise einer Anti-Baby-Pille ähnlich ist. Es bewirkt, dass ihr Zyklus stockt und die rosafarbene Gesäßschwellung abnimmt. Dadurch sind die Weibchen nicht mehr attraktiv für die Männchen und eine Schwangerschaft wird unwahrscheinlich. Obwohl Anubispaviane das ganze Jahr über empfängnisbereit sind, sorgen sie auf diese Weise dafür, dass in der regnerischen Zeit, in der sie besonders anfällig für Krankheiten sind, Nachwuchs vermieden wird.

58.

Warum wurde die 2020 fertiggestellte Kreisstraße 30n im rheinländischen Elsdorf erst im März 2021 für den Verkehr freigegeben?

A: Die Fahrbahnmarkierungen waren zu breit.

B: Eine Solarampel funktionierte wegen des schlechten Wetters nicht.

C: Stadt und Kreis konnten sich nicht auf ein Tempolimit einigen.

C: Stadt und Kreis konnten sich
nicht auf ein Tempolimit einigen.

Von allen Verkehrsthemen in Deutschland sorgt speziell dieses immer wieder für Streit: das Tempolimit. 130 auf Autobahnen ja oder nein? Die Frage kann schon mal darüber entscheiden, wo man bei einer Bundestagswahl das Kreuzchen setzt. Doch auch ein paar Etagen tiefer sind Konflikte möglich. Das zeigt der Fall der Kreisstraße 30n im rheinländischen Elsdorf bei Köln.

Die K30n ist eine Ortsumgehungsstraße und auf ihrem knapp einen Kilometer langen Abschnitt in Elsdorf mit einem Wohngebiet verbunden, in dem auch eine Kita liegt. Deshalb und wegen des kurvigen Straßenverlaufs an einer Ortszufahrt wollte die Stadt hier nur Tempo 50 zulassen. Der Rhein-Erft-Kreis bestand aber auf 70 Stundenkilometern. Wegen des Streits war die Straße von Ende 2020 bis März 2021 nicht freigegeben. Nach Anhörungen beider Parteien einigte man sich schließlich auf einen Kompromiss: Auf dem einen Teilabschnitt der Straße wurden 70 km/h erlaubt, auf dem anderen nur 50 km/h.

59.

Warum vermehren sich Amerikanische Singzikaden je nach Art nur alle 13 oder 17 Jahre?

A: Sie weichen so den Lebenszyklen ihrer Fressfeinde aus.

B: Sie leben in Symbiose mit einer zeitgleich wachsenden Pilzart.

C: Ihre Larven entwickeln sich nur bei bestimmten Windverhältnissen.

A: Sie weichen so den Lebenszyklen ihrer Fressfeinde aus.

Primzahlen sind Zahlen, die durch keine andere teilbar sind außer durch die 1 und durch sich selbst. Die 13 und die 17 gehören dazu. Und genau die Intervalle haben sich die Amerikanischen Singzikaden im Osten der USA ausgesucht, um sich zu vermehren: Diese Insekten schlüpfen, je nach Art, nur alle 13 oder 17 Jahre. Wobei – »ausgesucht« ist das falsche Wort. Der Zyklus hat sich im Lauf der Evolution so herausgebildet. Denn mit ihm umgehen die Zikaden die Lebenszyklen ihrer Fressfeinde, etwa diejenigen einiger Wespenarten. Die schlüpfen alle zwei, vier oder sechs Jahre. Es wäre ziemlich ungünstig für die Amerikanischen Singzikaden, wenn ihr Nachwuchs gleichzeitig schlüpfen und anschließend von den Feinden komplett aufgefressen würde.

Also verbringen die Zikadenlarven lieber 13 beziehungsweise 17 Jahre im Boden, um dann alle auf einmal zu schlüpfen. Damit ist gewährleistet, dass immer welche überleben, auch wenn viele gefressen werden. Wer überlebt, hat allerdings nur wenige Wochen, um sich zu paaren und seine Eier abzulegen. Dann wartet schon der Tod. Mancherorts werden eigens Müllcontainer aufgestellt, um die verendeten Singzikaden einzusammeln und als Tierfutter in die Zoos zu bringen.

60.

Holzarten werden in Hartholz und Weichholz unterschieden anhand ...?

A: ihrer Dichte bei null Prozent
Feuchtigkeit

B: der Biegsamkeit eines
Bretts von 5 cm Dicke

C: der benötigten Kraft, um einen
7 cm langen Nagel einzuschlagen

A: ihrer Dichte bei null Prozent Feuchtigkeit

Ob es sich bei einer Holzart um Hartholz oder Weichholz handelt, richtet sich nach der sogenannten Darrdichte. Sie gibt die Dichte von Holz in Kilogramm pro Kubikmeter bei null Prozent Feuchtigkeit an – ein Zustand, der nur im Labor erreicht wird und so in der Natur nicht vorkommt. Holz mit einer Darrdichte unter 550 kg/m^3 wird als Weichholz bezeichnet, alles darüber ist Hartholz.

Entgegen der weitläufigen Meinung, dass Nadelbäume zum Weichholz und Laubbäume zum Hartholz gehören, gibt es Ausnahmen in der jeweiligen Gruppe. Bei den Laubbäumen gehören Linde, Erle, Pappel und Weide zu den »weichen« Hölzern, während Lärche oder Kiefer – je nach Bodenbeschaffenheit und Lage – auch zum Hartholz gezählt werden können. Eine bessere Orientierung bietet das Wachstum der jeweiligen Baumart, hier gilt: Je schneller der Baum wächst, desto weicher ist das Holz, während langsam wachsende Bäume eine höhere Rohdichte aufweisen. Höher verdichtetes Holz eignet sich besonders gut als Baumaterial, da es gegen Umwelteinflüsse wie Fäulnis oder Ungezieferbefall resistenter ist. Zudem hat es einen höheren Brennwert als Weichholz.

61.

Als in den 1960ern der Twist auch in Deutschland populär wurde, …?

A: warnten Ärzte vor Hüft- und Knieschäden

B: wurden Schuhe mit Gummisohle salonfähig

C: wurden »Chubby« und »Checker«
die beliebtesten Hundenamen

A: warnten Ärzte vor Hüft- und Knieschäden

Das Becken kreist, die Fußspitze dreht sich: Eine sinnliche Bewegung – dabei berühren die Partner einander beim Twist nicht. Die Ursprünge dieses Tanzes liegen in der afroamerikanischen Bevölkerung des 19. Jahrhunderts. Aber erst als der US-amerikanische Rock 'n' Roller Chubby Checker mit »The Twist« (1960) und »Let's Twist Again« (1961) die Hitparaden stürmte, wurde der Tanz international populär. Bald darauf kreisten auch in Deutschland die Becken, drehten sich die Fußspitzen.

Doch manchen gefiel das Sinnliche nicht, sie fanden es obszön und fürchteten gar sexuelle Traumatisierungen. Im österreichischen Bezirk Bregenz wurde der Twist 1962 verboten, mit Verweis auf »die Bestimmung des § 5 des Tanzunterhaltungsgesetzes«. Wer nicht gar so verklemmt rüberkommen wollte, konnte sich auf Sorgen um die Gesundheit berufen. Tatsächlich fanden sich Orthopäden, die vor Schäden an Knie und Hüfte warnten und Menschen ab 40 das Sitzenbleiben empfahlen, wenn auf Partys Twist erklang. Mit wenig Erfolg. Im selben Jahr 1962 wurde beim Bonner Bundespresseball Twist getanzt und zu Weihnachten erschien eine Schallplatte: »Merry Twistmas«. Der Twist hatte gewonnen.

62.
**Eine dünne Grafitschicht
sorgt dafür, dass …?**

A: Kühlakkus nur langsam auftauen

B: Spielkarten blickdicht sind

C: eine PC-Maus auf einem Mauspad funktioniert

B: Spielkarten blickdicht sind

Grafit ist vielseitig verwendbar. Das chemische Element, das aus Kohlenstoff besteht, war schon in der Antike als Schreibstoff beliebt, weil es sich auf rauer Oberfläche leicht abreibt. Daher stammt auch der Name: vom altgriechischen »graphein« – schreiben. Grafit begegnet uns jedoch nicht nur in Bleistiften. Von Batterien bis zum Schienenverkehr reicht die Bandbreite. Und auch beim Kartenspiel macht sich das Mineral nützlich.

Hier kommt es ja darauf an, dass keiner der Beteiligten erfährt, was die gegnerische Seite so in der Hand hat. Weshalb Spielkarten möglichst blickdicht sein sollten – auch dann, wenn sie von direktem Licht angestrahlt werden. Zu diesem Zweck sind gute Spielkarten, etwa solche für Casinos und Turniere, aus zwei Lagen hergestellt, die ein Kleber sandwichartig miteinander verbindet. Und dieser Kleber wurde zuvor mit Grafit geschwärzt – fertig ist der Spionageschutz! Es gibt allerdings auch weniger hochwertige Spielkarten. Sie bestehen aus dünnem Quartettkarton ohne Grafitschicht.

63.
Der Wattwurm …?

A: verträgt kein Süßwasser

B: hält bei Ebbe die Luft an

C: heißt wissenschaftlich
eigentlich »Warum-Wurm«

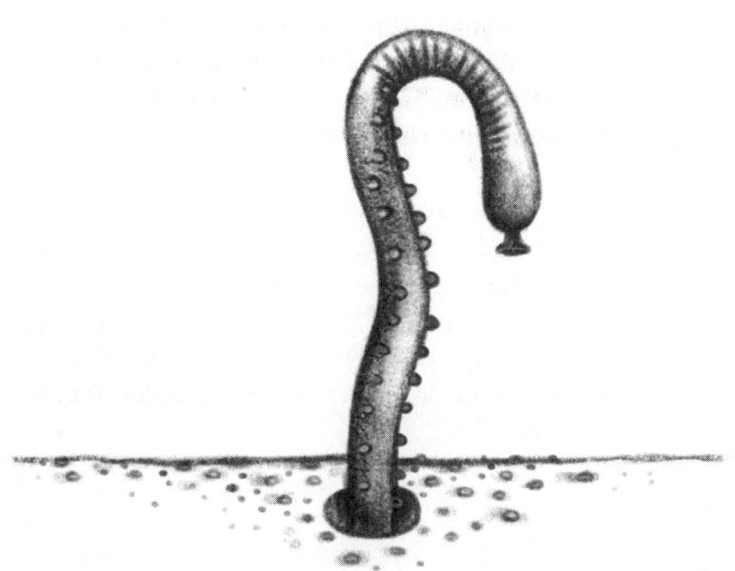

B: hält bei Ebbe die Luft an

Bei einem Wattspaziergang deuten nur spaghettiförmige Sandhäufchen darauf hin, dass circa 30 Zentimeter tiefer ein Wattwurm zu Hause ist. Der braun-schwarz gefärbte Ringel ist fingerdick, etwa 40 Zentimeter lang und lebt in einer U-förmigen Höhle. Seit 350 Millionen Jahren reinigt er den Sand von Giftstoffen, indem er ihn verdaut und sich von den darin enthaltenen Algen und Bakterien ernährt. Darum ist er für das Ökosystem Wattenmeer von großer Bedeutung. Mit seinen außen liegenden Kiemenbüscheln kann der Wattwurm wie ein Fisch Sauerstoff aus dem Meerwasser aufnehmen und auf diese Weise atmen. Der Sauerstoff wird im Hämoglobin gebunden, das beim Wattwurm frei im Blut zirkuliert und nicht in roten Blutkörperchen steckt wie beim Menschen. Der eisenhaltige Proteinkomplex kann etwa 40-mal so viel Sauerstoff aufnehmen, wie das beim Menschen der Fall ist. Liegt der Wattwurm bei Ebbe auf dem Trockenen, hält er daher einfach die Luft an und nutzt die üppigen Sauerstoff-Reserven, bis das Wasser wieder seine Höhle flutet.

Das faszinierende Wurm-Hämoglobin wird sogar in der Medizin verwendet. Da es wesentlich kleiner ist als die menschlichen Blutkörperchen, gelangt es auch in Gefäße, die stark verengt sind. So kommt es zum Beispiel bei Schlaganfällen oder schweren Verletzungen zum Einsatz. Auch bei Transplantationen versorgt es gespendete Organe mit Sauerstoff.

64.
Schauspieler Bill Paxton wurde ...?

A: nach Drehbeginn vier Mal durch Michael J. Fox ersetzt

B: als Po-Double von Al Pacino und Michael Douglas engagiert

C: in seinen Rollen Opfer von Terminator, Alien und Predator

C: in seinen Rollen Opfer von Terminator, Alien und Predator

Er verlor sein Leben als Detective Jerry Lambert durch die Hand eines Außerirdischen in »Predator 2«. Er starb als Soldat Private Hudson wiederum im Kampf gegen Außerirdische in »Aliens – Die Rückkehr«. Und er war als namenloser Punker das erste Opfer von Arnold Schwarzeneggers Killerroboter »Terminator«: der 2017 im Alter von 61 Jahren verstorbene US-Schauspieler und Regisseur Bill Paxton. Regisseur der beiden letztgenannten Filme war James Cameron, der im Laufe der Jahre ein guter Freund von Paxton wurde. Und so durfte dieser auch 1997 in Camerons Kultfilm »Titanic« mitspielen. Hier allerdings nicht als Leiche, sondern als Meeresforscher, der dem Geheimnis des gesunkenen Schiffs auf den Grund gehen will.

Zu jener Zeit war der gebürtige Texaner längst ein Star und nicht nur mehr der Nebendarsteller, den man in nahezu jeder Rolle besetzen konnte. Allein zwischen 1983 und 1998 war er durchgehend jährlich in mindestens einem Streifen zu sehen. Insgesamt verkörperte er an die hundert Rollen – vom Familienvater bis zum Psychopathen. Auch in »Apollo 13« spielte er mit: als Astronaut Fred Haise, der im wirklichen Leben das Pech hatte, niemals auf dem Mond gelandet zu sein, obwohl er mehrere Male für diese Rolle vorgesehen war. Paxton starb an Komplikationen nach einer Herzoperation. Seine letzte Filmrolle an der Seite von Emma Watson war – ausgerechnet – die ihres todkranken Vaters in dem Science-Fiction-Thriller »The Circle«.

65.
Herkömmliches Backpulver enthält Stärke, damit …?

A: sich alle Zutaten des Teiges optimal vermengen lassen

B: der Triebvorgang nicht bereits in der Packung beginnt

C: sich die Backzeit um bis zu 30 Prozent verringert

B: der Triebvorgang nicht bereits in der Packung beginnt

Alltäglich hantieren wir in der Küche mit Zutaten – manchmal, ohne zu wissen, welche Bestandteile sie enthalten und wie diese genau zusammenwirken. Klar, Backpulver muss in den Kuchenteig, sonst wird er hart wie ein Brett und eignet sich eher für handwerkliche Tätigkeiten ... Aber was steckt in dem geheimen Pülverchen?

Backpulver besteht in der Regel aus drei Komponenten: einem Triebmittel, einem Säuerungsmittel und einem Trennmittel. Durch die Kombination von Trieb- und Säuerungsmittel mit Flüssigkeit entsteht Kohlendioxid, das im Teig kleine Bläschen bildet und ihn aufgehen lässt. Als Trennmittel wird üblicherweise Stärke verwendet. Ob sie aus Weizen, Mais, Reis, Kartoffeln oder der Wurzelknolle der Maniokpflanze (Tapiokastärke) gewonnen wird, spielt keine Rolle. Ihre Aufgabe besteht darin, die Feuchtigkeit zu binden und zu verhindern, dass der Triebvorgang bereits in der Packung beginnt.

Um die chemische Reaktion von Backpulver sichtbar zu machen, gibt es lustige Experimente wie etwa den Flaschen-Luftballon-Trick. Mit einem Trichter wird Backpulver in einen Luftballon gefüllt und anschließend über eine Flasche mit Essigwasser gestülpt. Wird der Ballon nun aufgerichtet, gelangt das Backpulver in die Flüssigkeit und der Ballon bläst sich durch das entstandene Kohlendioxid von selbst auf.

66.

Wer bei Maler- oder Tapezierarbeiten lösemittelfreien Tiefengrund verwenden möchte, sollte wissen, dass dieser ...?

A: Naturfaserpinsel auflösen kann

B: die verwendete Farbe leicht aufhellt

C: nicht so tief einzieht wie eine lösemittelhaltige Grundierung

C: nicht so tief einzieht wie eine lösemittelhaltige Grundierung

Das machen wir doch selbst, denken sich viele Leute beim Renovieren. Wer eigenhändig zur Farbrolle oder zum Pinsel greift, spart Geld. Doch ein bisschen Vorkenntnis sollte sein, sonst ist der ganze Aufwand umsonst. So ist es zum Beispiel wichtig, den Untergrund richtig zu behandeln, auf den später die Farbe aufgetragen oder die Tapete aufgeklebt werden soll. Vor allem bei saugfähigem, porösem oder sandigem Untergrund empfiehlt es sich, zunächst Tiefengrund aufzutragen. Er sorgt dafür, dass die Tapete besser hält, beziehungsweise dass man weniger Farbe benötigt und der Anstrich schön gleichmäßig aussieht.

Es gibt Tiefengrund mit und ohne Lösungsmittel. Tiefengrund ohne Lösungsmittel auf Wasserbasis dringt nicht besonders tief in die Wand ein und hinterlässt, wenn man zu viel verwendet, einen glänzenden Bindemittel-Film auf der Oberfläche. Lösungsmittel sind natürlich weniger gesund, sie müssen gegebenenfalls eine Zeit lang ausgasen. Doch im Außenbereich, bei sehr altem Putz, schlechtem Beton und überhaupt kreidigem, mehligem Untergrund wird trotzdem Tiefengrund mit Lösungsmitteln verwendet, da er besser einzieht. Im Zweifel sollte man eine Fachkraft um Rat fragen.

67.

Welche Faustregel gilt für Beerenobst?

A: je runder die Form, desto mehr
natürliches Geliermittel

B: je höher der Fruchtzuckeranteil,
desto fester die Konsistenz

C: je dunkler, desto besser die
entzündungshemmende Wirkung

C: je dunkler, desto besser die entzündungshemmende Wirkung

Beeren sind ein wahres Superfood: Sie enthalten viele Mineralien und Vitamine bei wenig Kalorien und schmecken dazu noch fantastisch. Vor allem im Sommer gibt es auf den Wochenmärkten eine riesige Auswahl an frischem regionalen Beerenobst, wir haben dann die Qual der Wahl. Warum nicht mal nach Farbe auswählen? Wenn es um die entzündungshemmende Wirkung von Beeren geht, kommt es tatsächlich auf die Intensität der Farbe an. Denn für die sind sogenannte Anthocyane – wasserlösliche Pflanzenfarbstoffe – verantwortlich. Sie gehören zu den stärksten Antioxidantien der Natur und schützen den Körper vor freien Radikalen, die gesunde Zellen angreifen und im schlimmsten Fall schädigen können.

Je mehr Anthocyane in der Beere stecken, desto dunkler ist die Färbung. Die Farbskala variiert dabei von Rot und Violett bis zu Blau und Blauschwarz. Absolute Spitzenreiter sind schwarze Johannisbeeren und Brombeeren. Aber auch andere Beerensorten sind nicht ohne, selbst wenn sie weniger Antioxidantien enthalten: Erdbeeren bieten zum Beispiel eine große Menge Folat, das wichtig ist für die Zellteilung. Johannisbeeren enthalten drei Mal mehr Vitamin C als die gleiche Menge an Zitronen, Heidelbeeren geben dem Körper einen wahren Vitamin E-Kick – das hält die Zellen elastisch und senkt den Blutdruck.

68.

Wie hilft die 10-10-10-Methode der Wirtschaftsjournalistin Suzy Welch dabei, richtige Entscheidungen zu treffen?

A: 10 Alternativen von 10 Menschen 10 Minuten lang erwägen

B: 10 Vorteile, 10 Nachteile und 10 Fragen aufschreiben

C: Auswirkungen in 10 Minuten, 10 Monaten und 10 Jahren bedenken

C: Auswirkungen in 10 Minuten, 10 Monaten und 10 Jahren bedenken

Wichtige Entscheidungen im Beruf wie im Privatleben erfordern Zeit, sie sollten nicht vorschnell getroffen werden. Viele Leute machen Listen mit Pro und Contra, um das Thema gründlich zu durchdenken. Was spricht für diese Option, was dagegen? Eine andere Fragestellung hat die US-amerikanische Wirtschaftsjournalistin, Rednerin und Buchautorin Suzy Welch entwickelt: die 10-10-10-Formel.

Die Methode beruht darauf, sich vorzustellen, welche Auswirkungen die jeweilige Entscheidung in 10 Minuten haben wird, in 10 Monaten und in 10 Jahren. Kurzfristig geht es bei einer Entscheidung vielleicht nur darum, sich einfach besser zu fühlen. Mittelfristig würde die Entscheidung womöglich zu größeren Veränderungen führen – dann ist die Frage, ob man diese Veränderungen wirklich will. Aber langfristig, auf den Zeitraum von zehn Jahren bezogen, sind die Auswirkungen bei genauerem Hinsehen vielleicht doch weniger stark. Indem wir diese Zeitebenen voneinander unterscheiden, können wir die Folgen etwas realistischer einschätzen, auch wenn Zukunftsaussagen natürlich nie hundertprozentig sicher sind. Suzy Welchs Methode wurde ein großer Erfolg – das entsprechende Buch schaffte es 2009 auf die Bestsellerliste der New York Times.

69.
Woraus lässt sich ein Feuerzeug improvisieren?

A: Magnet, Nagelfeile und Zucker

B: AA-Batterien, Messer und Einwegrasierer

C: Alufolie, Radiergummi und Gabel

B: AA-Batterien, Messer und Einwegrasierer

Ein Feuerzeug zu ersetzen, ist nicht unmöglich, erfordert aber eine gewisse Geschicklichkeit und Vorsicht. Nehmen Sie zwei AA-Batterien, einen zweischneidigen Einwegrasierer, ein Messer und ein Klebeband zur Hand. Entfernen Sie zunächst die Klingen aus der Kunststoffhalterung des Einwegrasierers. Eine der Klingen muss in der Mitte zerbrochen werden, sodass zwei kleinere Metallteile entstehen. Hier wäre es sinnvoll, ein Hilfsmittel zur Hand zu nehmen – zum Beispiel eine Zange –, da man leicht abrutschen und sich verletzen kann. Nun werden die beiden Batterien entgegengesetzt mit dem Pluspol und Minuspol auf die lange Klinge gestellt. Die kleinen Metallteile befestigen Sie mit einem Klebeband an den oberen Polen der Batterie. Berühren sich nun die oberen Klingen, fließt Strom und es entsteht Hitze, die zum Anzünden eines Papiers genutzt werden kann.

Auch mit weniger Materialien lässt sich ein Feuer machen, zum Beispiel mit einem Kaugummi, einer Batterie und einer Schere. Einfach den Kaugummi auswickeln, das mit Aluminium beschichtete Papier zusammenfalten und so einschneiden, dass in der Mitte ein dünner Streifen entsteht. Wenn die beiden Enden der beschichteten Seite jeweils an den Pluspol und Minuspol der Batterie gehalten werden, entwickelt sich an der dünnen Stelle genug Hitze, um ein Papier anzukokeln.

70.

Der auf vielen Lebensmitteln angegebene Nutri-Score, der mithilfe eines Ampelsystems die Nährwertqualität angibt, …?

A: weicht bei Käse von der sonstigen Berechnungsformel ab

B: gilt ab 2023 für verpackte Lebensmittel als verpflichtend

C: bewertet einen hohen Obstanteil in manchen Fällen als negativ

A: weicht bei Käse von der sonstigen Berechnungsformel ab

Gesunde Ernährung ist wichtig, deshalb soll uns beim Einkaufen eine schnelle Orientierungshilfe an die Hand gegeben werden: der Nutri-Score, zu Deutsch die Ernährungs-Auswertung. Er wurde hierzulande 2020 auf freiwilliger Basis eingeführt und wird ermittelt, indem gute und schlechte Nähr- und Inhaltsstoffe gegeneinander aufgerechnet werden. Mit guten Inhaltsstoffen wie Vitaminen und Ballaststoffen oder aber dem Anteil an Obst und Nüssen in einem Produkt können negative Stoffe aufgewogen werden: Fett, gesättigte Fettsäuren, Salz und Zucker. Die Ampel, die das Endergebnis anzeigt, reicht dann von A (Dunkelgrün) bis E (Rot).

Allerdings lassen sich so nicht alle Lebensmittel miteinander vergleichen. Käse nämlich würde immer bei E (Rot) landen, da er nun einmal viel Fett und Salz enthält. Wer Käse essen und dabei auf seine Gesundheit achten will, braucht deshalb die Möglichkeit, verschiedene Käsesorten miteinander zu vergleichen. Weswegen der Proteingehalt im Käse stets positiv gewichtet wird und somit negative Punkte ausgleicht. Mit dieser Berechnung landet dann etwa Halloumikäse bei E (Rot), Bergkäse bei D (Orange) und Harzer Käse bei C (Gelb). Bei anderen Lebensmitteln schlägt das enthaltene Protein nur positiv zu Buche, wenn sie auch ansonsten nährstofftechnisch einigermaßen im grünen Bereich sind.

71.
Dromedare können wochenlang ohne Wasser auskommen, indem sie ...?

A: die Anzahl der roten Blutkörperchen reduzieren

B: Fett statt Wasser ausschwitzen

C: das Cholesterin in den Zellmembranen der Nieren senken

C: das Cholesterin in den Zellmembranen der Nieren senken

Dromedare sind perfekt angepasste Überlebenskünstler in trockenen und heißen Regionen – Trampeltiere, also Kamele mit zwei Höckern, übrigens auch. Forschende aus England und den Vereinigten Arabischen Emiraten haben in einer 2021 veröffentlichten Studie herausgefunden, dass Dromedare nach einer langen Zeit ohne Wasser weniger Cholesterin in ihren Nierenzellen produzieren. So ist die Niere in der Lage, hochkonzentrierten Urin zu bilden und möglichst wenig Wasser auszuscheiden. Etwa einen Liter Harn pro Tag sondern die Tiere ab, was im Verhältnis zur Größe sehr gering ist – bei einem Pferd sind es ungefähr zehn Liter.

Auch ihr Blut ist an die besonderen Lebensbedingungen angepasst. Es kann einen Wasserverlust von bis zu einem Viertel des Körpergewichts ausgleichen, während wir Menschen schon bei zehn Prozent in eine lebensgefährliche Situation geraten würden. Kommt das durstige Tier dann an eine Wasserstelle, ist es in der Lage, innerhalb von nur 15 Minuten 200 Liter Wasser aufzunehmen und in seinen Vormägen für mehrere Wochen zu speichern. Entgegen der irrtümlichen Meinung, im Höcker befände sich der Wasserspeicher, legen die Tiere dort tatsächlich ihre Fettreserven an. Von diesen können sie ebenfalls lange zehren. Und da Fett ein schlechter Leiter ist, schützt der Höcker die Dromedare auch vor Hitze und Kälte.

72.

Welchen Rechtsstreit führte Leonardo DiCaprio 1999 vor dem Oberlandesgericht Hamm?

A: Die Polizei hatte sein Bild auf einem Verkehrsaufsteller verwendet.

B: Ein Eisdielenbesitzer hatte seinen Laden »Di Caprio« genannt.

C: Seinem Onkel war wegen Eigenbedarfs gekündigt worden.

B: Ein Eisdielenbesitzer hatte seinen Laden »Di Caprio« genannt.

Wie bitte? Man geht Eisessen und hinter der Theke steht Leonardo DiCaprio? Wohl kaum! Trotzdem zog der US-amerikanische Schauspieler im Jahr 1999 vors Bielefelder Landgericht und anschließend vors Oberlandesgericht in Hamm, weil der Besitzer eines Sonnenstudios mit Eisdiele in dem ostwestfälischen Kurort Bad Salzuflen seinen Laden »Di Caprio« genannt hatte. Das verletze die Markenrechte des Schauspielers, so der Vorwurf. DiCaprios Mutter hatte ihren Sohn auf die Verwendung des Namens aufmerksam gemacht.

Der Eisdielenbesitzer hielt im Rechtsstreit dagegen: Di Caprio sei im Italienischen ein Allerweltsname, allein im römischen Telefonbuch stehe er mehr als 40-mal. In Deutschland sei der Name aber selten, befand der Richter und gab DiCaprio recht: Hier würden durchaus Markenrechte verletzt, auch wenn wohl niemand vermuten würde, »dass Leonardo DiCaprio hinter der Eistheke steht und Hörnchen füllt«. Einen weitergehenden Wunsch des berühmten Schauspielers erfüllte der Richter aber nicht: Er lehnte es ab, den Nachnamen DiCaprio künftig für alle gewerblichen Zwecke zu verbieten.

73.
Was entwickelte ein schottisches Forschungsteam 2021 aus PET-Flaschen?

A: künstliches Vanillearoma
B: Lebensmittelfarbe für Backwaren
C: Düngemittel für Kartoffeln

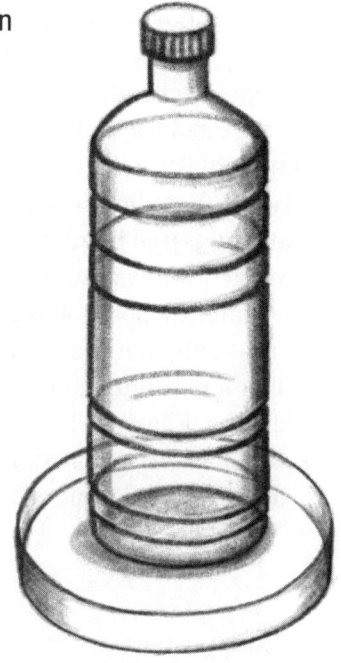

A: künstliches Vanillearoma

Pro Kopf werden in Deutschland jährlich rund 210 Einweg-Plastikflaschen genutzt. Das hat die Deutsche Umwelthilfe errechnet. Meist stammen sie aus dem Kunststoff Polyethylenterephthalat (PET). Zwar ist, so sagen die Herstellerfirmen, ein Drittel davon Recyclingmaterial, was im weltweiten Vergleich eine ganze Menge ist. Trotzdem verbleibt ein enormer Haufen Plastikmüll. Dass nicht mehr PET recycelt wird, liegt auch daran, dass es nach einmaligem Gebrauch rund 95 Prozent seines Wertes verliert und sich somit eine Aufarbeitung nicht lohnt. Was also tun, um PET nach Gebrauch wertvoller zu machen?

Die Aufwertung eines solchen Stoffes wird Upcycling genannt. Tatsächlich haben Joanna Sadler und Stephen Wallace von der Universität im schottischen Edinburgh ein entsprechendes Verfahren für PET entwickelt. Dabei wird dieses in seine Grundbausteine zerlegt und anschließend mithilfe von gentechnisch veränderten E.-coli-Bakterien in Vanillin umgewandelt. Der bisher erreichte Umwandlungsgrad beträgt bereits 79 Prozent, soll aber noch gesteigert werden. Auf klassische Weise wird Vanillearoma aus Vanilleschoten gewonnen oder künstlich mit biotechnologischen Methoden hergestellt. Beides ist teuer. Außerdem benötigen Lebensmittel- und Kosmetikindustrie so viel davon, dass sich der Bedarf auf diese Weise kaum noch decken lässt. Das neue Verfahren könnte also zwei Fliegen mit einer Klappe schlagen.

74.

**»Pentimenti«, auch »Reuestriche«
genannt, werden in der Kunstmalerei
eingesetzt, um ...?**

A: alte Ölfarben zu verbrauchen

B: Motive zu verändern oder gänzlich zu übermalen

C: Gemälde der Konkurrenz zu sabotieren

B: Motive zu verändern oder gänzlich zu übermalen

Ob Gemälde, Grafik oder Wandmalerei: In all diesen Fällen handelt es sich um einen künstlerischen Schaffensprozess. Die meisten solcher Werke erfahren während ihrer Entstehung Korrekturen. Kein Wunder: Kunstschaffende ändern oftmals im Laufe der Arbeit ihre Meinung über das, was da unter ihren Händen entsteht – sie verändern dann Formen, Farben oder Linienführung. Man spricht hier von »Pentimenti«, zu Deutsch »Reuestrichen«. Diese überdecken zum Beispiel unliebsam gewordene Stellen, ergeben manchmal aber auch teils gänzlich neue Motive. Beispiele sind Max Liebermanns Werk »Rasenbleiche« oder Rembrandts Gemälde »Rembrandt und Saskia im Gleichnis des verlorenen Sohnes«. Doch auch bei den einzigartigen karolingischen Wandmalereien des Klosters Corvey im nordrhein-westfälischen Höxter, die zum Weltkulturerbe gehören, wurden bei Restaurationen unlängst Veränderungen am Motiv entdeckt.

Sichtbar werden Pentimenti und damit der künstlerische Schaffensprozess zum Beispiel durch verblassende Ölfarbe. Röntgenuntersuchungen können dann den Verdacht bestätigen. Auf diese Weise erzählen die Reuestriche uns oft als stumme Zeugen einiges darüber, wie ein Werk entstanden ist.

75.
Zarte Haferflocken werden im Unterschied zu kernigen Haferflocken …?

A: aus zerkleinerten Kernen hergestellt

B: gedämpft und nicht geröstet

C: ohne die äußere Kernhülle gewalzt

A: aus zerkleinerten Kernen hergestellt

Hafer ist gesund. Das Getreide enthält große Mengen an B-Vitaminen, Eisen, Magnesium und Kalzium – ideal für den Stoffwechsel und das Immunsystem. Seine Nähr- und Ballaststoffe können ihn durchaus zur einheimischen Konkurrenz für modische Superfoods aus Übersee machen. Das wird jedoch leicht übersehen, da der Hafer bescheiden und ohne einen Hauch von Exotik daherkommt. Außerdem hat er durch den englischen Porridge das Image einer geschmacksneutralen Pampe weg. Dass er Magen-Darm-Probleme effektiv lindert, trägt nicht wenig zu diesem Image bei.

Doch wird Hafer in letzter Zeit auch wiederentdeckt – als Zutat in Müslis und Smoothies, für crunchige Kekse oder herzhaft für Bratlinge. Wie praktisch daher, dass es ihn in mehreren Varianten gibt: von kernig bis zart. Kernige Haferflocken werden meist dann bevorzugt, wenn etwas mehr Biss gefragt ist – etwa im Müsli. Zarte Haferflocken eignen sich am besten für den klassischen Haferbrei. In Sachen Nährwert gibt es da keine Unterschiede. Denn alle Spielarten werden aus den gleichen Haferkernen hergestellt. Einziger Unterschied: Kernige Haferflocken werden aus ganzen Haferkernen gewalzt, während die Kerne für zarte Haferflocken zuvor zerkleinert werden – dabei gehen aber keine Bestandteile verloren.

76.

**Die Macauba-Pflanze weckt
seit einigen Jahren das Interesse
der Wissenschaft, weil ...?**

A: ihre Äste als Weihnachtsbaum-Ersatz
gezüchtet werden können

B: ihr Holz extrem schnell wächst
und sehr langlebig ist

C: mit ihr auch außerhalb der Tropen
Palmöl angebaut werden kann

C: mit ihr auch außerhalb der Tropen
Palmöl angebaut werden kann

Nachhaltigkeit gehört weltweit zu den wichtigsten Themen. Und lang ist die Liste der Erzeugnisse, die diesbezüglich einen schlechten Ruf haben – zum Beispiel, weil ihre Ernte oder Produktion unwiederbringlich Ressourcen zerstört. So etwa im Fall des Palmöls, das in zahllosen Produkten steckt, vom Shampoo bis zur Pizza. Herkömmliches Palmöl wird meist aus der Afrikanischen Ölpalme gewonnen. Sie wächst in den Tropen, sodass für ihren Anbau Teile des dortigen Regenwalds durch Brandrodung zerstört werden – mit äußerst negativen Folgen für das Klima.

Eine Alternative könnte die Macauba sein, eine Palmenart, die vor allem in Südamerika heimisch ist und dort bereits wild wächst. Forschende untersuchen derzeit, ob sich die zehn bis 18 Meter hohe Pflanze als nachhaltige Alternative zum Palmöl eignet. Denn das Öl, das aus ihrem Fruchtfleisch und den Kernen gewonnen wird, ähnelt sehr dem konventionellen Palmöl. Die Macauba-Pflanze bringt große Vorteile mit: Sie braucht nur wenig Wasser und fühlt sich auch außerhalb der Tropen wohl, weshalb für sie kein Regenwald weichen muss. Dass ihr Fruchtfleisch und ihre Samen als Tierfutter geeignet sind, macht sie noch interessanter.

77.
Backpapier erleichtert es, …?

A: Zitronenschalen
effektiv zu reiben

B: eingetrocknete Fettreste
im Topf zu entfernen

C: Blumenzwiebeln durch
den Winter zu bringen

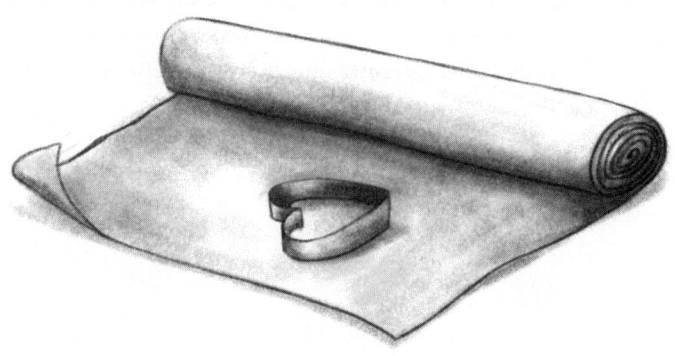

A: Zitronenschalen effektiv zu reiben

Ob im Kuchen oder Gebäck, in Desserts, im Salatdressing oder in Soßen – Zitronenschalen verfeinern Speisen jeglicher Art und verleihen ihnen ein frisches und natürliches Aroma. Zudem enthält die Schale von Zitrusfrüchten generell ein Vielfaches mehr an Nährstoffen als das Fruchtfleisch oder der Saft, weswegen eine Verwertung auch sinnvoll ist. Wenn da nicht das unleidige Raspeln der Schale wäre! Oft verschwindet ein großer Teil in der Reibe selbst und kann nur mühsam wieder herausgekratzt werden. Abhilfe schafft hier Backpapier, das unbeschichtet und silikonfrei sein sollte. Das Papier wird entsprechend der Reibefläche zugeschnitten und auf die raue Seite gelegt. Wenn Sie nun die Zitrone darauf drücken, stechen die scharfen Zähne der Reibe durch das Papier, sodass kleine Löcher entstehen. Der Schalenabrieb sammelt sich so direkt auf dem Backpapier und kann anschließend mühelos vom Papier gestrichen werden.

Ganz wichtig: Wenn Sie die Schale von Zitrusfrüchten verarbeiten wollen, kaufen Sie diese unbedingt in Bio-Qualität. Nur so ist gewährleistet, dass keine bedenklichen Spritz- und Konservierungsmittel in Ihr Gericht gelangen.

78.

**»May the Fourth be with you«,
also »Der 4. Mai sei mit dir«,
ist angelehnt an ein berühmtes
Zitat aus »Star Wars« und ...?**

A: darf in den USA nicht auf Filmplakate
gedruckt werden

B: geht zurück auf Margaret Thatchers
ersten Tag als Premierministerin

C: wurde von Al Capone bei seiner
Verhaftung gesagt

B: geht zurück auf Margaret Thatchers ersten Tag als Premierministerin

Mit dem ersten Kinofilm »Krieg der Sterne«, der von Drehbuchautor und Regisseur George Lucas produziert wurde, entstand im Jahr 1977 der Kult um die beliebte Science Fiction-Reihe »Star Wars«. Bis heute hält der Hype um die Space Opera an und das berühmteste Zitat ist wohl so gut wie jedem bekannt: »May the force be with you!« – zu Deutsch: »Möge die Macht mit dir/euch sein!« –, was so viel bedeutet wie »Viel Glück«.

Als ungefähr zwei Jahre nach dem Filmstart Margaret Thatcher zur britischen Premierministerin gewählt wurde, griff ihre konservative Partei zum Amtsantritt am 4. Mai 1979 auf ein Wortspiel zurück, das noch weitreichende Folgen haben sollte. In der Zeitung London Evening News erschien eine Anzeige mit folgendem Text: »May the Fourth Be With You, Maggie. Congratulations.« »May the Force« aber klingt ungefähr wie »May, the Fourth«, also der 4. Mai. Im Laufe der Jahre entwickelte sich besagtes Datum daher immer mehr zum inoffiziellen Jahrestag, an dem die »Star Wars«-Fangemeinde ihre Helden hochleben lässt. Im Jahr 2011 wurde der »Star Wars Day« zum ersten Mal offiziell begangen, im Toronto Underground Cinema in Kanada. Heute wird der 4. Mai von den Fans auf der ganzen Welt gefeiert.

79.
Warum erzeugen Turnschuhe mit Gummisohle häufig ein Quietschen auf Fliesen und Linoleum?

A: Luft wird zwischen Sohle und Boden zusammengedrückt.

B: Gummisohlen haften fester auf schmutzfreiem Boden.

C: Feuchtigkeit lässt das Gummi der Sohle weicher werden.

B: Gummisohlen haften fester auf schmutzfreiem Boden.

Schicke Turnschuhe sind in Mode. Je bunter das Design, desto besser. Doch es ist nicht nur die Optik, mit der viele Sneaker auffallen. Auch akustisch haben es diese Kultlatschen oft in sich – und das klingt nicht nur angenehm. Vor allem Turnschuhe mit Gummisohlen quietschen bisweilen zum Ohr-Erbarmen, besonders auf glatten Bodenflächen wie Linoleum, Keramik oder Kunststoff. Grund dafür ist der sogenannte Stick-Slip-Effekt (von englisch: »stick« – »haften« und »slip« – »gleiten«). Er wird auch Reibschwingung oder Haft-Gleit-Effekt genannt. Wenn sich die Gummisohle beim Gehen vom Boden abrollt, kommt es zu einem schnellen Wechsel zwischen Haft- und Gleitreibung. Sobald die Haftreibung dabei deutlich größer als die Gleitreibung ist, entstehen Schwingungen, die wir als Quietschen wahrnehmen. Das ist oft dann der Fall, wenn sowohl der Boden als auch die Schuhe fett- und schmutzfrei sind, da die Sohlen dann nicht über die Fläche gleiten.

Für den Stick-Slip-Effekt gibt es viele weitere Beispiele. Etwa quietschende Kreide auf der Schiefertafel, eine um die Kurve fahrende Straßenbahn oder ein nicht geöltes Türscharnier. Nicht in allen Fällen lässt sich Abhilfe schaffen. Turnschuhfans jedenfalls müssen mit der schrägen Akustik leben, wenn sie nicht Vaseline oder Lederfett unter die Sohle schmieren wollen. Aber will das wirklich jemand?

80.

**Was lässt sich mit dem Namen
des Golfprofis »Tiger Woods« besser
merken?**

A: Aufbau und Maße von
Euro-Paletten

B: Unterschied zwischen
Taiga und Tundra

C: alle Familienmitglieder der
Zeichentrickfigur Peppa Pig

B: Unterschied zwischen Taiga und Tundra

Manche Begrifflichkeiten wollen einfach nicht in unseren Kopf und jedes Mal ärgern wir uns wieder, wenn wir unsicher sind, ob denn nun das eine oder andere gemeint ist. In diesen Fällen ist es immer hilfreich, eine Eselsbrücke als kleine Gedankenstütze zu bauen, die alle Irrungen und Wirrungen endgültig aus dem Weg räumt. So hilft der Name von Tiger Woods, einem der besten Golfprofis aller Zeiten, bei der Unterscheidung von Taiga und Tundra. Sein Spitzname »Tiger« (englisch ausgesprochen) – der bürgerliche Vorname lautet eigentlich Eldrick Tont – klingt ähnlich wie der geografische Fachbegriff für den nördlichsten Waldtyp der Erde in der kaltgemäßigten Klimazone: die Taiga. Und der Nachname »Woods«, also »Wald«, verdeutlicht das charakteristische Merkmal der Taiga, denn dort wachsen überwiegend Nadelbäume wie Fichten, Lärchen, Kiefern oder Tannen.

Das liegt vor allem am langen, frostigen Winter und kurzen Sommer. Die immergrünen Nadelbäume können das ganze Jahr über das wenige Sonnenlicht für die Photosynthese nutzen. Als Tundra, auch Kältesteppe genannt, wird hingegen das an die Taiga angrenzende baumlose Hochland bezeichnet. Da ihr Boden normalerweise das ganze Jahr über gefroren ist, wachsen dort hauptsächlich kälteunempfindliche Moose, Gräser oder Kräuter.

81.

Aktuelle Experimente der Universität Tübingen zeigen, dass regelmäßiges Computerspielen …?

A: den Geruchssinn der Spieler messbar verbessert

B: die Lesegeschwindigkeit erhöht

C: die Fähigkeit verbessert, Mengen auf einen Blick zu vergleichen

C: die Fähigkeit verbessert, Mengen auf einen Blick zu vergleichen

Zu viel Zocken am Computer ist ungesund. Über Spielsucht am PC ist genug bekannt. Doch wie vieles, das in Maßen betrieben wird, hat auch das Computerspiel seine guten Eigenschaften. Eine aktuelle Studie der Universität Tübingen hat ergeben, dass wir auf diese Weise zum Beispiel den uns angeborenen Zahlensinn gut trainieren können. Das ist die Gabe, Mengen miteinander zu vergleichen und richtig einzuschätzen – etwa auf Anhieb zu erkennen, wie viele Schokoriegel sich in einem Korb befinden oder wie viele Bäume auf einer Wiese stehen, ohne sie zu zählen.

Für die Studie traten zwei Gruppen von Leuten gegeneinander an: solche, die mindestens vier Stunden am Tag mit Videospielen verbringen, und solche, die keine Computerspiele gewohnt sind. Beide Gruppen bekamen auf einem Bildschirm Kreise zu sehen, in denen sich Punkte befanden. Die Kreise waren nur sehr kurz sichtbar, sodass die Punkte nicht gezählt werden konnten. Ergebnis: Der Zahlensinn der Computerzocker war eindeutig besser ausgeprägt. Fazit der Studie: Videospiele trainieren diese unterbewusste Fähigkeit und können Gedächtnis und Aufmerksamkeit steigern. Auch ältere Menschen können von dieser Erkenntnis profitieren, weswegen selbst im fortgeschrittenen Alter eine Beschäftigung mit dem Computer, speziell mit interessanten Spielen, sinnvoll erscheint.

82.
Sprechen Fachleute von FTTH, dann ...?

A: wird eine Wärmepumpe
mit Ökostrom betrieben

B: bieten Fenster den
höchstmöglichen Lärmschutz

C: reicht ein Glasfaserkabel
bis in die Wohnung

C: reicht ein Glasfaserkabel bis in die Wohnung

Abkürzungen gibt es reichlich und nicht alle sind es wert, im Gedächtnis abgespeichert zu werden. Aber FTTH ist schon interessant. Denn an diesen vier Buchstaben hängt die Frage, wie schnell unsere Internetverbindung daheim ist. »Fiber to the Home« bedeutet nämlich zu Deutsch »Glasfaser bis in die Wohnung«.

Das Breitbandnetz besteht heute zu großen Teilen aus Glasfaserkabeln – darin bewegen sich die Daten mit Lichtgeschwindigkeit vorwärts. Doch gibt es immer noch die sogenannte »letzte Meile« – das Stück, das von einem Kabelverzweiger zum Haus führt. Es besteht oft noch aus Kupfer. Oder aber das Glasfaserkabel führt bis zum Gebäude, endet aber dort, und im Hausinneren verteilen dann Kupferkabel das Signal weiter. Mit der Folge, dass die Internetverbindung langsamer wird. Die schnellste Datenübertragung ermöglicht eben Glasfaser. Ob die eigene Wohnung darauf umgerüstet werden kann, das erfahren Nutzer bei ihrem Internetanbieter. Die alten Kupferkabel sind ja meist schon beim Bau eines Hauses verlegt worden. Für die Glasfaser müssten dann neue Wege gebahnt werden – sei es durch einen stillgelegten Kaminschacht, ein vorhandenes Leerrohr oder sogar außen an der Fassade entlang.

83.
Der Saft zerriebener Gänseblümchen …?

A: kann als natürlicher Soßenbinder dienen

B: lindert den Juckreiz von Mückenstichen

C: ist ein hilfreiches Schmiermittel
für die Fahrradkette

B: lindert den Juckreiz von Mückenstichen

Für die einen sind sie schlicht Unkraut, für andere ein nützliches Hausmittel: Gänseblümchen. Hierzulande blühen sie vom Frühjahr bis in den späten Herbst. Auch wenn sie nicht zu den klassischen Heilpflanzen zählen, werden sie von der Volksmedizin schon seit Jahrhunderten genutzt – zum Beispiel für Hustentee oder bei Hautproblemen. Die inzwischen bekannten wichtigsten Inhaltsstoffe sind Saponine, Flavonoide, Gerbstoffe, ätherische Öle und Bitterstoffe. Sie stärken das Immunsystem, fördern die Verdauung und senken den Cholesterinspiegel. Außerdem hemmen sie Entzündungen. So erweisen sich die bescheidenen Gesellen unter anderem bei einem Mückenstich als nützlich, wie die Zeitschrift »Naturarzt« berichtet.

Auch wenn Mückenstiche in der Regel kein besonderes gesundheitliches Risiko darstellen, nervt der Juckreiz allemal. Entstehen durch das Kratzen Verletzungen der Haut, so können Bakterien und andere Krankheitserreger in den Organismus eindringen. Besonders empfindliche Menschen reagieren auf Mückenstiche mit Schwellungen, Rötungen und Flüssigkeitsansammlungen rund um die Einstichstelle. Hier kann es helfen, ein paar Gänseblümchen zwischen den Fingern zu zerreiben und auf die Stichstelle aufzutragen. Der austretende Saft von Blüte, Stiel und Blättern enthält ätherische Öle und Gerbstoffe, die die Haut beruhigen, Quaddeln verhindern und – vor allem – den Juckreiz lindern.

84.

Forschende aus Japan wollen 2023 einen Satelliten ins All schicken, der ...?

A: aus Holz besteht, um keine schädlichen Rückstände zu verursachen

B: mit einer riesigen Linse Sonnenstrahlen von der Erde ableitet

C: den Durchmesser einer Stubenfliege hat, um im All Platz zu sparen

A: aus Holz besteht, um keine schädlichen Rückstände zu verursachen

Wir sehen es nicht, wenn wir in den Himmel schauen – aber dort oben kreisen mehr als 6000 Satelliten. Ohne sie würde hier auf der Erde vieles zusammenbrechen. Satelliten helfen uns beim Navigieren, bei der Telekommunikation und bei der Wettervorhersage, um nur drei von vielen Aufgabenfeldern zu nennen. Sie sollen nicht ewig dort in ihrer Umlaufbahn bleiben, sondern irgendwann wieder in die Erdatmosphäre eintreten und verbrennen. Dabei aber entstehen winzige Aluminiumpartikel, die sich lange in der oberen Atmosphäre halten.

Um diese Umweltverschmutzung zu vermeiden, haben Forschende an der Universität Kyoto in Japan einen neuartigen Satelliten entwickelt – mit einer Hülle aus Holz! Sie soll beim Wiedereintritt in die Erdatmosphäre rückstandslos verglühen, wodurch die schädliche Partikelanzahl reduziert würde. Weil die Holzhülle weder elektromagnetische Wellen noch das Magnetfeld der Erde blockiert, können bei diesem Satelliten die Instrumente auch im Inneren angebracht werden anstatt auf der Außenhaut. Ein Start ist für 2023 geplant. Vorausgesetzt, das Holz verträgt die großen Temperaturunterschiede und das starke Sonnenlicht im All.

85.
Lässt die Schleifwirkung eines Wetzstahls nach, hilft es, ihn …?

A: mit einer Apfelhälfte abzureiben

B: in Mehl zu wenden

C: mit einem Fettlöser zu reinigen

C: mit einem Fettlöser zu reinigen

Sind Messer unscharf geworden, stellt sich die Frage, wie man sie wieder in Form bringt. Viele greifen hier zu Wetzstahl. Anders als etwa ein Wetzstab aus Keramik hat dieser aber nur die Fähigkeit, Messer zu schleifen anstatt sie zu schärfen. Dabei korrigiert der Stahl mikroskopisch kleine Unebenheiten auf der Klinge oder richtet diese wieder auf. Deshalb sollte Wetzstahl nur bei Messern mit glatter Schneide und ohne Wellenschliff eingesetzt werden. Nicht geeignet ist dieses Werkzeug jedoch, um stumpfe Messer wieder zu *schärfen*. Dafür ist es aber relativ einfach zu handhaben und verursacht wenig Verschleiß. Regelmäßiges Wetzen kann die Lebensdauer von Messern wesentlich verlängern.

Allerdings kann Wetzstahl auch selbst stumpf werden. Das kann unter anderem daran liegen, dass er zu weich für die Metallklingen der Messer ist. Um das herauszufinden, sollten Sie auf die Maßeinheit Rockwell (HRC) achten. Diese muss beim Wetzstahl über derjenigen der zu bearbeitenden Messer liegen. Ein weiterer Grund für eine nachlassende Schleifwirkung – und damit kommen wir zu unserer Quizfrage – liegt darin, dass sich mit der Zeit eine Fettschicht auf dem Wetzstahl bildet. Hier hilft es, ihn mit einem handelsüblichen Fettlöser einzusprühen und circa zehn Minuten einwirken zu lassen. Nach gründlichem Abwischen ist der Wetzstahl wieder wie gewohnt einsatzbereit.

86.

Zwischen dem schottischen Festland und der Isle of Skye fährt eine weltweit einzigartige Fähre, die ...?

A: bei Ebbe einen Teil der Strecke auf Ketten zurücklegt

B: ein Fahrzeugdeck hat, das per Hand gedreht werden kann

C: ausschließlich für Schäfer und ihre Schafe bestimmt ist

B: ein Fahrzeugdeck hat, das per Hand gedreht werden kann

Sie ist klein, aber oho: Die Autofähre »Glenachulish« verbindet die Gemeinde Glenelg in den schottischen Highlands mit dem Dorf Kylerhea auf der Insel Skye. In gerade einmal fünf Minuten bringt sie bis zu sechs Autos knapp 550 Meter übers Wasser. Wegen der Meerenge ist hier die Strömung besonders stark, weshalb die Fähre seitlich anlegt. Damit nun die Autos von Deck fahren und neue Autos drauffahren können, muss das Deck um 180 Grad gedreht werden. Und das geschieht von Hand, durch einen Drehteller, der sich unter dem Fahrzeugdeck befindet.

Die Fähre wurde 1969 gebaut und zuerst am Loch Leven eingesetzt, bis eine Brücke sie dort überflüssig machte. Seit 1982 verkehrt sie nun zwischen Kylerhea und Glenelg. Zwar führt auch zur Insel Skye längst eine Brücke. Doch Spenden und eine Initiative der Gemeinde machten den Betrieb des Museumsstücks weiter möglich, als der letzte Fährmann in den Ruhestand treten wollte. Gerade Urlaubsreisenden wird die Route über die Meerenge sehr empfohlen. Nähert man sich ihr doch auf Passstraßen, die durch eine beeindruckende Landschaft führen.

87.

Was passierte dem Tauchlehrer Rainer Schimpf im Februar 2019 bei einem Tauchgang vor der Küste Südafrikas?

A: Er ritt unabsichtlich ein Stück auf einem Weißen Hai.

B: Ein Wal nahm ihn versehentlich in sein Maul.

C: Ein Fliegender Fisch klemmte sich in seiner Taucherbrille ein.

B: Ein Wal nahm ihn versehentlich in sein Maul.

Einmal im Jahr sammeln sich Millionen von Sardinen vor Port Elizabeth an der Küste Südafrikas, um mit einer kalten Meeresströmung rund 1000 Kilometer weiter in den Norden zu ziehen, bis vor die Küste Mosambiks. Angelockt werden sie wohl von Massen von Plankton, das sich in der Strömung befindet. Aber auch als Fortpflanzungswanderung könnte der »Sardine Run« dienen. Jedenfalls lockt er stets zahllose Schaulustige an – und auch Delfine und Wale, denn für sie ist dann der Tisch reich gedeckt. Das wurde dem deutschen Tauchlehrer Rainer Schimpf im Jahr 2019 fast zum Verhängnis.

Mit anderen Begeisterten filmte er den »Sardine Run«, er befand sich im Wasser, um Aufnahmen von einem Hai zu machen. Da wurde es plötzlich dunkel um ihn und er spürte einen Druck auf der Hüfte. Die Filmaufnahmen seines Kollegen zeigen: Schimpf klemmte im Maul eines Wals, der aus der Tiefe aufgetaucht war und irrtümlich Schimpf zu fassen bekommen hatte. In solch einer Situation könne man nur auf seinen Instinkt vertrauen, sagte der Taucher später im Interview, und dass er damit gerechnet hatte, viel weiter unten im Ozean wieder ausgespuckt zu werden. Doch er hatte Glück: Der Wal bemerkte seinen Fehler umgehend, drehte sich auf den Rücken und gab den ungenießbaren Beifang rasch wieder frei.

88.

Was unterscheidet einen Biskuitboden von einem Wiener Boden?

A: Der Wiener Boden wird
mit Butter angerührt.

B: Beim Wiener Boden werden
Mandeln statt Mehl verwendet.

C: Der Wiener Boden wird nicht gebacken.

A: Der Wiener Boden
wird mit Butter angerührt.

Biskuit besteht aus Eigelb, Eischnee, Zucker und Mehl und zeichnet sich durch seine besondere Luftigkeit aus. Sie kommt durch den Eischnee zustande, also durch das geschlagene Eiweiß, denn es enthält besonders viel Luft. Damit sie nicht wieder entweicht, wird das Mehl nur vorsichtig untergehoben und das Ganze dann gleich gebacken. Fett wird nicht beigefügt. Ohne den Eischnee wäre der Biskuit hart wie Zwieback – im 17. Jahrhundert hieß der Schiffszwieback tatsächlich Biskuit. Erst im 18. Jahrhundert kam man auf den Trick, der die gewünschte Fluffigkeit erzeugt.

Biskuit wird zum Beispiel für die Böden von Obst-, Quark- und Sahnetorten verwendet. Es gibt jedoch auch eine Variante: den sogenannten Wiener Boden. Er dient als Grundlage für Kuchenklassiker wie die Schwarzwälder Kirschtorte und den Frankfurter Kranz. Anders als beim einfachen Biskuit wird hier dem Teig Butter beigefügt. Sie wird geschmolzen unter die geschlagene Masse gehoben. So gerät der Wiener Boden reichhaltiger und etwas kompakter. Er ist dafür aber auch saftiger und trocknet weniger schnell aus.

89.
Womit können angelaufene Kupfergegenstände wieder zum Glänzen gebracht werden?

A: rote Chilischoten

B: Walnussschalen

C: Gewürzgurkenwasser

C: Gewürzgurkenwasser

Die Essiggurken sind aufgegessen, doch das Wasser ist noch da. Was tun mit der trüben Flüssigkeit? Sie ist ein prima Hilfsmittel gegen Kalk und verleiht auch angelaufenem Kupfer wieder seinen ursprünglichen Glanz. Flächen, die nicht zu empfindlich sind, lassen sich mit Gewürzgurkenwasser entkalken. Am besten nach Gebrauchsanweisung vorgehen – alles, was sich mit Essig behandeln lässt, verträgt auch Gewürzgurkenwasser. Sensible Oberflächen wie Marmor darf man damit allerdings nicht reinigen.

Und Kupfer? Manche Küchenutensilien oder Deko-Gegenstände sind aus diesem schön schimmernden Material. Damit sie wieder glänzen, kann man etwas von dem Gurkenwasser auf einen Schwamm geben und das Kupfer damit einreiben. Oder man legt die Gegenstände für zehn Minuten in das Wasser. Der enthaltene Essig löst das Kupferoxid zuverlässig auf. In jedem Fall gilt aber: Das Gewürzgurkenwasser vor Gebrauch sieben, um die festen Bestandteile, etwa Senfkörner und Kräuter, zu entfernen.

90.
Die Schriftstellerin Agatha Christie gehört in Großbritannien zu den ersten Menschen, die ...?

A: Surfen lernten

B: einen Bungee-Sprung machten

C: im eigenen Garten Mohnblumen pflanzen durften

A: Surfen lernten

Wer an Agatha Christie denkt, hat oft die scharfsinnige Amateurdetektivin Miss Marple vor Augen, die ab den frühen 1960er-Jahren im Film von Margaret Rutherford verkörpert wurde. Obwohl diese Miss Marple sich noch erstaunlich gelenkig bewegen konnte, hätte ihr wohl niemand zugetraut, was die Schöpferin von Miss Marple, die britische Schriftstellerin Agatha Christie schaffte: Sie lernte als einer der ersten Menschen in Großbritannien das Surfen. Freilich war Christie damals auch erst 31 Jahre alt.

1922 reiste die Schriftstellerin gemeinsam mit Ehemann Archibald zehn Monate lang durch Südafrika, Australien, Neuseeland und Hawaii. Archibald hatte den Auftrag, für eine bevorstehende Kolonial-Handelsmesse in London zu werben. In Südafrika wechselten Geschäftstreffen mit Tea-Partys, Ausflügen, Safaris ... Im kleinen Küstenort Muizenberg dann kamen beide in Kontakt mit dem Windsurfen – und liebten es sofort. Als die Reise sie nach Hawaii führte, besorgten sie sich dort Surfbretter und dachten, sie könnten bereits alles. Doch weit gefehlt. Die Wellen waren schwieriger und die Bretter schwerer als in Südafrika. Einen Monat lang übten Agatha und Archie auf Hawaii. Am Ende notierte die Schriftstellerin: »Das ist mein Triumph! Ich blieb auf dem Brett und brachte es ans Ufer. Nun kann ich mich eine Surf-Expertin nennen, zumindest unter Europäern.«

91.

Psychologen haben 2016 festgestellt, dass Personen nach dem Lesen eines populärwissenschaftlichen Artikels ...?

A: widersprüchliche Meinungen kategorisch ablehnen

B: Fachbegriffe übernehmen, um besonders gebildet zu klingen

C: ihr eigenes Wissen über das Thema deutlich überschätzen

C: ihr eigenes Wissen über das Thema deutlich überschätzen

Wissenschaftliche Artikel müssen auf hohem Niveau verfasst sein, weil nur dann Genauigkeit gewährleistet ist. Außerdem ist wissenschaftliches Schreiben effizient: Es spart Zeit und Druckerschwärze, wenn man nicht alles von vorn erklären muss, sondern beim Leser die Fachkenntnisse voraussetzen kann. Populärwissenschaftliche Artikel und Bücher hingegen sind auch für interessierte Laien verständlich. Dabei die Balance zwischen Exaktheit und Allgemeinverständlichkeit einzuhalten, das ist manchmal gar nicht so leicht. Weshalb solche Artikel nicht weniger wert sind als die wissenschaftlichen Texte – sie haben eben nur eine andere Zielgruppe.

Interessant ist freilich, was eine psychologische Studie der Uni Münster ergeben hat. Bei dieser Studie überschätzte, wer populärwissenschaftliche Texte zu medizinischen Themen las, das eigene Wissen anschließend deutlich. Bei Fachartikeln zu denselben Themen wurde das eigene Wissen hingegen geringer eingeschätzt und die Bereitschaft war höher, einen Profi zurate zu ziehen. Wer sich gern breit gestreut mit Sachthemen befasst, sollte also im Hinterkopf behalten, trotzdem noch kein Experte auf den jeweiligen Gebieten zu sein.

92.

**Wer den Trend der
»Seacuterie« anwendet, …?**

A: verwendet Algen zur Hautpflege

B: züchtet süß schmeckende Garnelen

C: macht aus Fischprodukten Wurst

C: macht aus Fischprodukten Wurst

Manches gibt sich als Wurst aus und hat in Wirklichkeit gar nichts mit Fleisch zu tun. Einige vegane Ersatzprodukte zum Beispiel rühmen sich damit, dass man den Unterschied zum Fleisch oder zur Wurst kaum schmecke. Und Fisch? Tatsächlich gibt es auch den Trend, aus Fischprodukten Wurst zu machen. Er stammt aus Australien und trägt den Namen »Seacuterie« – vom englischen »Seafood« (Meeresfrüchte) und dem französischen »Charcuterie« (Feinkost, vor allem Wurstplatten).

Bei einer herkömmlichen Charcuterie werden Schinken sowie Salami und viele andere Wurstsorten serviert, die sich nicht nur geschmacklich, sondern auch beim Biss- und Kauerlebnis unterscheiden (grob, fein, cremig, fest ...). Die See-Platte ahmt das nach: mit unterschiedlichen Meeresfrüchten, die verschiedenartig zubereitet wurden, etwa geräuchert, mariniert oder fermentiert, dazu mit Kräutern und Saucen aufgepeppt. So gibt es zum Beispiel Würstchen aus Fisch. Fein geschnittene Fischfilets werden dafür wie bei einer klassischen Wurst ausgiebig gewürzt und in einen Kunstdarm gepresst. Scharf angebraten werden sie zur leckeren kulinarischen Alternative. Seacuterie hat nichts mit Sushi zu tun, weil ihre Zubereitung derjenigen von Wurstwaren entspricht.

93.
**Warum wurde ein Reifrock im
18. Jahrhundert in Frankreich als
»Kreischerin« bezeichnet?**

A: Er gab bei jeder Bewegung
knarzende Geräusche von sich.

B: Die Damen jammerten beim Ankleiden.

C: Der Rock machte
beim Gehen kreisende
Bewegungen.

A: Er gab bei jeder Bewegung
knarzende Geräusche von sich.

Der Reifrock hat eine wahrlich bewegte Vergangenheit hinter sich. Unter dem Namen Verdugado (von »verdugo« – »grünes Holz«) erblickte er um 1470 in Spanien als eine Art glockenförmiger Unterrock das Licht der Welt. Etwa ein Jahrhundert später wurde er auch in Frankreich zunehmend beliebter. Doch bald kam er wieder aus der Mode, um zu Beginn des 18. Jahrhunderts eine Renaissance zu erleben. Dabei wurde seine Form immer ausladender und glich zunehmend Hühnerkörben, was dem Rock den Namen »Panier« – »Korb« gab.

Die Paniers bestanden zunächst aus bis zu acht eisernen und hölzernen Reifen, die mit Wachs- oder Baumwolltuch miteinander verbunden wurden. Da die Materialien bei jeder Bewegung knarzende Geräusche von sich gaben, wurde der Reifrock umgangssprachlich als »Criarde«, also als »Kreischerin« bezeichnet. Im späten 18. Jahrhundert nahm man statt dieses hässlichen Stoffes Wolle, Baumwolle oder Seide und die Reifen waren aus Fischbein, womit das starke Knarzen vermieden wurde. Der Reifrock galt bei vielen als unsittlich, was seine Popularität jedoch nur noch steigerte.

Mit der französischen Revolution verschwand zunächst auch der Reifrock, erlebte aber nach 1830 ein weiteres Comeback als Krinoline. Wenn man so will, ließen sich die Modemacher auch beim in den 1950er-Jahren beliebten Petticoat von diesem monströsen Kleidungsstück inspirieren.

94.

**Die Macher der Filmkomödie
»Meine Frau, ihre Schwiegereltern und ich«
mussten vor der Veröffentlichung 2004 ...?**

A: ein Medientraining bei der CIA absolvieren

B: die Kosten für Robert De Niros
Haartransplantation übernehmen

C: eine echte Person mit dem Nachnamen
»Focker« finden

C: eine echte Person mit dem Nachnamen »Focker« finden

Manche Namen können richtig peinlich sein. Wir ersparen es uns hier, Beispiele aufzuzählen, und halten uns an die Kino-Familie Focker. Deren Name klingt auf Englisch so ähnlich wie »Fucker«. Hm. Seinen ersten Auftritt in der Filmgeschichte hat der Name in der Filmkomödie »Meine Braut, ihr Vater und ich« aus dem Jahr 2000. Darin lernt der Krankenpfleger Gaylord »Greg« Focker, gespielt von Ben Stiller, die Familie seiner Freundin Pam kennen. Die Rolle des Schwiegervaters in spe, Jack, übernahm Robert De Niro, der auch Co-Produzent des Films ist. Natürlich geht bei dem Besuch so einiges schief. Doch es gibt ein Happy End.

Vier Jahre später stand die Fortsetzung der Filmkomödie an, in der Pam diesmal mit zu Gregs Eltern fährt. Englischer Titel: »Meet the Fockers«. Hm. War der Titel wirklich so geschickt gewählt? Nein, befand der Filmverband »Motion Picture Association of America«. Er forderte, dass erst reale Personen mit diesem Namen gefunden werden müssten, bevor der Titel zugelassen würde. Ansonsten wäre »Fokker« die genehmigte Alternative. Also machte man sich auf die Suche – und fand eine Familie in Kanada, die Focker hieß. Damit war der ursprüngliche Titel genehmigt. Der deutsche Titel ist übrigens ebenso lang wie unverdächtig: »Meine Frau, ihre Schwiegereltern und ich«.

95.

Damit eine selbst gemachte Backmischung im Einmachglas länger haltbar bleibt, sollte ...?

A: Mehl als Letztes eingefüllt werden

B: das Glas höchstens bis zum oberen Viertel befüllt werden

C: nach jeder Zutat das Glas kurz auf den Tisch gestoßen werden

C: nach jeder Zutat das Glas kurz auf den Tisch gestoßen werden

Selbst gemachte Geschenke aus der Küche sind als Mitbringsel immer eine gute Alternative und haben oft auch optisch einiges zu bieten. Vor allem Backmischungen eignen sich gut, da sie einfach und schnell zusammengestellt werden können. Die trockenen Zutaten wie Mehl, Kakao, Zucker, Backpulver, Schokolade oder Nüsse – je unterschiedlicher, desto besser – werden in der geforderten Menge abgewogen und abwechselnd mit einem Trichter in ein Einmachglas gefüllt. Man beginnt immer mit den feinen Zutaten, also zuerst mit dem Mehl. Zuletzt kommen zum Beispiel grob gehackte Nüsse oder Schokolade dazu.

Nach jeder Schicht sollte das Glas kurz auf den Tisch gestoßen werden, um Lufträume zu vermeiden, die die Haltbarkeit der Backmischung verkürzen würden. Außerdem entstehen so schöne Schichten, die sich besser voneinander abgrenzen. Das Glas sollte möglichst bis zum Rand befüllt werden, damit auch oberhalb der Mischung wenig Luft enthalten ist. Danach kann das Einmachglas noch mit Stoff, einer Schleife oder einem Etikett versehen werden und natürlich darf eine Backanleitung nicht fehlen. Am besten kaufen Sie qualitativ hochwertige Zutaten, dann ist auch ein besonderes Geschmackserlebnis bei den Beschenkten garantiert.

96.

Der typische, durch Chlorverbindungen entstehende Hallenbadgeruch ist umso intensiver, je …?

A: mehr Wasserrutschen vorhanden sind

B: weniger Badegäste anwesend sind

C: stärker Sonnenlicht in das Hallenbad scheint

A: mehr Wasserrutschen vorhanden sind

Ein Besuch im Schwimmbad – und es riecht fast immer nach Chlor. Denkt man. Doch wir riechen nicht das »Chlor«, sondern das, was entsteht, wenn sich Chlor mit Harnstoff verbindet. Diesen Stoff nennt man Trichloramin. Der Einsatz des Chlors als Desinfektionsmittel wird häufig kritisiert, aber er ist der effizienteste Schutz gegen ins Badewasser eingebrachte Krankheitserreger. Und nicht nur das: Badegäste hinterlassen im Wasser zum Beispiel auch Hautschuppen, Speichel, Schweiß, Urin, Kosmetika und Sonnencreme. Mit all diesen Dingen reagiert das Desinfektionsmittel. Dabei entstehen Stoffe, die man mit dem Wortungetüm Desinfektionsnebenprodukte bezeichnet. Manche davon stehen im Verdacht, gesundheitsschädigend zu sein.

Typische Desinfektionsnebenprodukte sind Trihalogenmethane, zum Beispiel Chloroform, und Chloramine, zum Beispiel das bereits genannte Trichloramin. Während Harnstoff selbst geruchlos und völlig ungefährlich ist, kann Trichloramin Atembeschwerden hervorrufen sowie Augen und Nasen- oder Rachenschleimhäute reizen. In einem Kubikmeter Hallenbadluft sollten daher nicht mehr als 0,2 Milligramm Trichloramin enthalten sein. Und eine weitere Logik: Weil eben Trichloramin den typischen Chlorgeruch ausströmt, ist dieser meist intensiver, wenn sich im Schwimmbereich Wasserfälle oder Wasserrutschen befinden, weil auf diese Weise mehr Wasser mit Luft in Kontakt kommt.

97.
Warum ist ein Stück Rinderfilet so zart?

A: Der Muskel wurde zu
Lebzeiten wenig bewegt.

B: Es enthält einen hohen Anteil
des Muskelproteins Kollagen.

C: Es hängt länger ab als
andere Fleischstücke.

A: Der Muskel wurde zu Lebzeiten wenig bewegt.

Das Wort Filet stammt aus dem Französischen und heißt wörtlich übersetzt »dünner Faden«. Bei vielzelligen Tieren wie Schwein, Rind, Lamm und Geflügel handelt es sich um das magerste Fleisch. Das Rinderfilet gehört zum Rinderhinterviertel und liegt an der Körperinnenseite auf beiden Seiten der Wirbelsäule. Es hat eine keulenförmige Form: Vorn befindet sich die Filetspitze und am hinteren Ende ein dicker Filetkopf. Da dieser Muskelstrang von den Tieren kaum bewegt wird, ist er besonders zart und saftig. Filet macht – je nach Gewicht des Tieres – gerade einmal zwischen drei und fünf Kilogramm eines Rindes aus. Das macht das Fleisch besonders teuer.

Das Muskelprotein Kollagen, das sich in der Haut und dem Bindegewebe befindet, spielt beim Fleisch übrigens durchaus eine wichtige Rolle. Allerdings genau andersherum, als wir es bei unserer Quizfrage suggeriert haben. Da Kurzgebratenes wie Filet aus wenig bewegten Körperregionen stammt, bauen die Muskeln nur wenig Kollagen auf und das Fleisch ist sehr zart. Hingegen enthält beispielsweise Schmorfleisch wie Hals- oder Bruststück viel Kollagen. Es löst sich erst durch langes Schmoren auf, wenn das Fleisch mürbe wird – etwa in einem Gulasch.

98.
**Der US-Gründervater und
Erfinder Benjamin Franklin verfasste
im Jahr 1781 …?**

A: eine Top-10-Liste der peinlichsten Liebeslieder

B: die erste dokumentierte Sushi-Restaurant-Kritik

C: eine Abhandlung über den gesellschaftlichen
Umgang mit Flatulenz

C: eine Abhandlung über den gesellschaftlichen Umgang mit Flatulenz

Vom Tellerwäscher zum Millionär – diesen typisch US-amerikanischen Karriereweg ging Benjamin Franklin. 1706 als Sohn eines Seifenmachers in Boston/Massachusetts geboren, wurde er zunächst als Drucker äußerst erfolgreich. Mit 42 Jahren ging er in die Politik und erlebte den Kampf der USA um ihre Unabhängigkeit vom Mutterland Großbritannien hautnah mit. Er arbeitete die Unabhängigkeitserklärung der Vereinigten Staaten von 1776 mit aus und gehört zu deren Gründervätern. Der Nachwelt ist er aber auch wegen seiner Erfindungen in Erinnerung geblieben. So geht zum Beispiel unser heutiger Blitzableiter auf diesen Selfmademan zurück.

1776 bis 1785 weilte Franklin als Botschafter Nordamerikas in Paris. Hier schrieb er 1781, im Jahr vor der erlangten Unabhängigkeit der USA, einen humorvollen Brief an die Royale Akademie in Brüssel. Er forderte darin, dass man dem Problem zurückgehaltener Fürze mehr Aufmerksamkeit schenken müsse, weil das höfliche Zurückhalten in Gesellschaft gesundheitsgefährdend sein könne. Gesucht sei ein geruchsverbesserndes Medikament, das es den Menschen erlauben würde, sich in Gesellschaft mehr Luft zu machen. Mit seinem Brief wollte der Amerikaner der Akademie ein praktisches Thema nahebringen – er war der Meinung, die Forscher würden sich zu sehr mit lebensfremden Dingen beschäftigen.

99.

**Warum kann das Alpen-Edelweiß
die UV-Strahlung auf einem Gipfel
aushalten, ohne braune Flecke
zu bekommen oder einzugehen?**

A: Es hat einen Sonnenschutz
aus winzigen weißen Härchen.

B: Es bildet sich bei Sonneneinwirkung
eine schützende Hornhaut.

C: Bei Hitze entsteht
an der Blüte
ein kühlender
Feuchtigkeitsfilm.

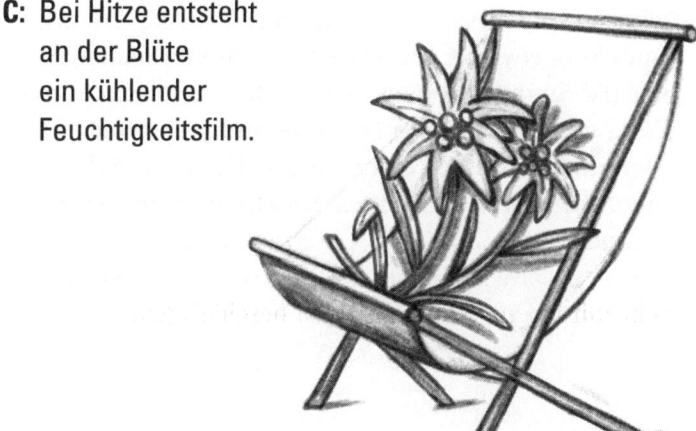

A: Es hat einen Sonnenschutz
aus winzigen weißen Härchen.

Das Alpen-Edelweiß ist eine ganz besondere Pflanze und nicht umsonst streng geschützt. Es liebt Standorte hoch oben in den Bergen, dort wächst es auf den Wiesen in praller Sonne und wird doch nicht von den UV-Strahlen geschädigt. Das Geheimnis dieser Zähigkeit haben Forschende der Universität Notre-Dame de la Paix im belgischen Namur 2007 entschlüsselt. Sie untersuchten die Hochblätter, die direkt unterhalb der Blüte sitzen und wegen ihrer weißen Farbe oft für die Blüte gehalten werden. Dabei ist die eigentliche Edelweißblüte gelb.

Das Weiß der Hochblätter, das nektarsuchende Insekten anlockt, entsteht durch krause Härchen, die auf den Blättern des Blütenstands dicht an dicht stehen: In diesem Flaum bilden sich zahllose Luftbläschen, die einiges von dem einfallenden Licht reflektieren. Die einzelnen Härchen wiederum bestehen aus parallelen Fasern mit einem Durchmesser von nur 0,18 Mikrometern. Das entspricht in etwa der Größenordnung der Wellenlänge, die die UV-Strahlung besitzt, weshalb diese gefährliche Strahlung von den Härchen fast vollständig absorbiert wird. Der Flaum hat noch einen Vorteil: Im Winter schützt er die Pflanze vor der großen Kälte, die in diesen Höhen herrscht.

100.

Wie können Verbraucher überprüfen, ob eine Immobilien-Anzeige im Internet womöglich gefälscht ist?

A: zur Verfügung stehende Bilder zählen

B: Text des Inserates in eine Suchmaschine eingeben

C: prüfen, ob die vollständige Adresse des Objekts angegeben ist

B: Text des Inserates in eine Suchmaschine eingeben

Copy und Paste ist der Tod so mancher Unternehmung. Wenn in Examensarbeiten oder Dissertationen geklaute – also aus anderen Werken herüberkopierte – Passagen stehen, kann das diejenigen, die da so schlampig mit den Rechten anderer umgegangen sind, ihren Studienabschluss oder Doktortitel kosten. Und auch auf dem Online-Immobilienmarkt sind Kriminelle unterwegs, die auf Copy und Paste setzen: Sie faken Immobilienanzeigen, um von gutgläubigen Leuten Geld (als angebliche Vorkaution) oder Daten zu ergaunern. Mit den Daten – etwa Kopien von Personalausweisen – betreiben sie dann ihre illegalen Geschäfte.

Wie aber können Miet- oder Kaufinteressierte sich vor Betrug schützen, wenn sie selbst im Internet eine Immobilie suchen? Wer eine passende Anzeige gefunden hat, sollte laut Verbraucherzentrale Textteile daraus in eine Suchmaschine eingeben. Findet sich dieselbe Passage in ähnlichen Anzeigen, aber mit anderen Kontaktdaten, so ist Vorsicht geboten: Dann ist das Inserat vermutlich gefälscht. Kriminelle kopieren nämlich oft Texte aus bestehenden Anzeigen, anstatt komplett neue zu verfassen. Auch schlechte Grammatik bei vermeintlich professionellen Inseraten oder Widersprüche zwischen Text und Fotos deuten stark auf Betrug hin.

101.

**Eine Schwarzbärin aus der
kanadischen Gemeinde White River,
die 1914 zur Zuschauerattraktion
im Londoner Zoo wurde, ...?**

A: lebte zuvor ein Jahr lang in der Royal Albert Hall

B: inspirierte Alan Alexander Milne
zur Kinderbuchfigur »Pu der Bär«

C: führte zum
Ausdruck
»jemandem
einen Bären
aufbinden«

B: inspirierte Alan Alexander Milne zur Kinderbuchfigur »Pu der Bär«

Harry D. Colebourn, ein im englischen Birmingham geborener und später nach Kanada ausgewanderter Tierarzt, bekam im Jahr 1914 seinen Einberufungsbefehl. Ehe er sich auf den Weg nach Europa machen musste, hatte er noch ein Trainingslager zu absolvieren. Sein Zug von Winnipeg nach Valcartier in der Provinz Quebec hielt unterwegs in White River in der Provinz Ontario. Dort traf Colebourn auf einen Jäger, der gerade eine Schwarzbärin erlegt hatte und deren Junges zum Kauf anbot. Der Tierarzt zahlte 20 kanadische Dollar, nannte das Tier nach seinem Wohnort »Winnipeg« und nahm es nach England mit.

Die junge Bärin wurde schnell zum inoffiziellen Maskottchen des Miliz-Kavallerieregiments Fort Garry Horse, in dem Colebourn als Tierarzt diente. Bald wurde er nach Frankreich versetzt, wo er den Rang eines Majors erreichte. Deswegen gab er Winnipeg in die Obhut des Londoner Zoos, dem er das Tier schließlich schenkte. Dort wurde die Bärin unter anderem von dem Schriftsteller Alan Alexander Milne und seinem Sohn Christopher Robin besucht. Dieser benannte seinen Teddybären »Winnie the Pooh« nach dem Tier und inspirierte damit den Vater zu seinem weltberühmten Kinderbuch-Klassiker. Eine Statue von Harry D. Colebourn und Winnie befindet sich noch heute in Winnipeg.

102.

2018 nannte ein norwegisches Paar seine Tochter »Ynwa« nach …?

A: einer Straßenkreuzung in New York

B: der Fan-Hymne des FC Liverpool

C: dem finnischen Ausruf für »Wow!«

B: der Fan-Hymne des FC Liverpool

Kent Solheim ist Fan des FC Liverpool, seit er denken kann, sein erstes Trikot bekam er mit drei Monaten. So war es keine Frage für den Norweger, dass er seine am 1. Januar 2018 geborene Tochter Ynwa nennen wollte – nach der Fan-Hymne des englischen Clubs: »You'll never walk alone«. Etwas Überzeugungsarbeit brauchte es, bis seine Freundin Carine auch einverstanden war, sie interessiert sich nämlich nicht für Fußball.

Auf dem Standesamt war die Namenswahl kein Problem: In Norwegen ist der Name Ynva durchaus gebräuchlich und mit w statt v spricht er sich auch genauso aus: Ünwah. Der Standesbeamte fragte nur nach dem Grund der ungewöhnlichen Schreibweise und war mit der Antwort zufrieden. Was aber, wenn Ynwa später ihren Namen nicht mag? Für den Fall trägt sie den Zweitnamen Sofie. Und auch wenn sie Fan von Manchester United werden wollte, wäre das für ihren Vater kein Problem, wie er in einem Interview verriet. Für ihn hat der Name nicht nur wegen des Fußballs eine Bedeutung: Die Fan-Hymne erinnere ihn daran, dass man niemals aufgeben solle, weil es immer weitergehe.

103.
Die Redewendung »Das ist Jacke wie Hose« stammt aus dem 17. Jahrhundert, als ...?

A: Schneider Anzugjacken und -hosen aus dem gleichen Stoff anfertigten

B: im Französischen beide Begriffe das Gleiche bedeuteten

C: Zimmerermeister ihre Gesellen mit Weste und Hose ausstatteten

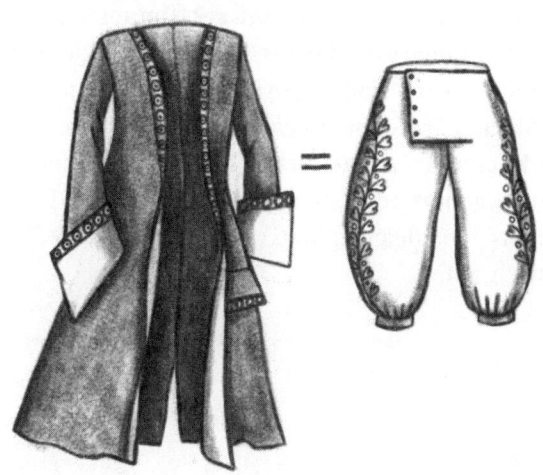

A: Schneider Anzugjacken und -hosen aus dem gleichen Stoff anfertigten

Manchmal haben wir die Wahl zwischen zwei Möglichkeiten, bei denen es ziemlich gleichgültig ist, wie wir uns entscheiden. Gehen wir erst zum Bäcker oder zum Metzger? Wessen Eltern besuchen wir am ersten und welche am zweiten Weihnachtsfeiertag? Spazieren wir links- oder rechtsherum um den Teich? Meist ist es egal, welche Alternative wir wählen – es macht im Prinzip keinen wesentlichen Unterschied. Beziehungsweise »es ist Jacke wie Hose«.

Aber ist das nicht ein Widerspruch? Denn Jacke und Hose sind doch keineswegs identisch. Die eine trägt man am Oberkörper, die andere an den Beinen. Und sie haben völlig verschiedene Formen. Doch auf die Form bezieht sich dieser Spruch auch nicht, sondern vielmehr auf den Stoff. »Das sind mir zwei Hosen eines Tuchs!«, dürfte die ursprüngliche Redewendung gelautet haben, sie hat ihren Ursprung im Schneiderhandwerk. Daraus wurde wohl im 17. Jahrhundert »Jacke wie Hose« – zu ergänzen wäre in Gedanken »aus einem Stoff«. Bis dahin waren Jacke und Beinkleid nämlich sehr verschieden. Als Jacke diente meist ein Rock oder ein gekürzter Mantel, statt der Hose trug man sogenannte Beinlinge oder Strümpfe. Erst als beides aus dem gleichen Material gefertigt wurde, kam unser Spruch auf.

104.

Weshalb konnte ein Hochgeschwindigkeitszug im Londoner Bahnhof Euston im März 2021 nicht planmäßig weiterfahren?

A: Eine Katze hatte es sich auf dem Dach bequem gemacht.

B: Am Bahnhof wurde ein Interview von Meghan und Harry gezeigt.

C: Elton Johns Flügel wurde aufwendig verladen.

A: Eine Katze hatte es sich auf dem Dach bequem gemacht.

Kleines Tier – große Wirkung: Weil eine Katze im März 2021 in London unbedingt auf dem Dach des Hochgeschwindigkeitszuges nach Manchester ihr Nickerchen machen wollte, mussten alle Passagiere den Zug verlassen und in einen anderen umsteigen. Das Ganze geschah an der Euston Station, einem der Hauptbahnhöfe der britischen Metropole. Hätte man die Katze nicht einfach wegscheuchen können? Nein, denn sie befand sich gefährlich nah an der 25 000 Volt starken Oberleitung.

Natürlich ahnte die braun getigerte Fellnase selbst nichts von dieser Gefahr und genoss selig ihr Schläfchen. Erst nach zweieinhalb Stunden bequemte sie sich freiwillig herunter, wie der Zugbetreiber Avanti West Coast Train berichtete. Den Absprung absolvierte sie elegant über eine Mülltonne, die man zwischenzeitlich herbeigeschafft und am Zug aufgestellt hatte. Wie sie – ohne solch ein Hilfsmittel – überhaupt den Zug hatte erklimmen können, wird wohl für immer ein Rätsel bleiben.

105.

Mit Daumen, Zeige- und Mittelfinger lässt sich …?

A: herausfinden, welche Brillenform zum Gesicht passt

B: abzählen, welches Jahr ein Schaltjahr ist

C: der Kern einer halbierten Avocado einfach entfernen

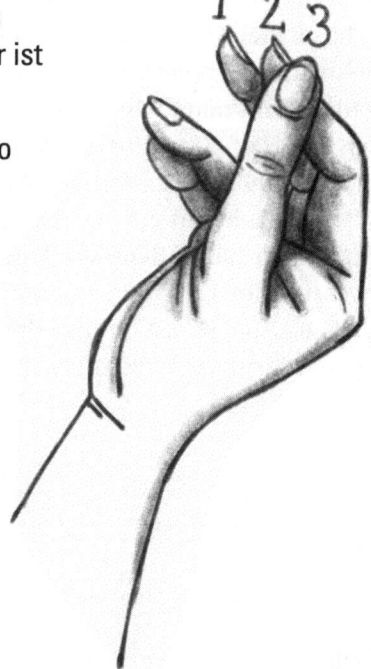

C: der Kern einer halbierten Avocado einfach entfernen

Avocados sind ein empfindliches ... Obst! Jawohl, die grünen Delikatessen zählen zu den Früchten, nicht zum Gemüse, wohin der Laie sie wegen ihrer fehlenden Süße eher sortieren würde. Ursprünglich stammt sie aus den tropischen Regenwäldern Mexikos und Zentralamerikas. Doch die mittlerweile rund 400 gezüchteten Sorten fühlen sich längst überall wohl, wo sie ein passendes Klima vorfinden. Da ihr Anbau viel Wasser verbraucht und ihr Verzehr hierzulande immer mit weiten Transportwegen, Kühlungsaufwand und viel Verpackungsmaterial verbunden ist, besitzt die Avocado eine eher schlechte Ökobilanz.

Umso wichtiger, dass die empfindliche Frucht, wenn wir sie uns denn einmal gönnen, auch wirklich verzehrt werden kann und nicht wegen unsachgemäßer Behandlung zur Hälfte im Biomüll landet. Wie etwa lässt sich ihr Kern schonend entfernen? Am besten so: Die vorgereifte Avocado mit einem Messer halbieren. Zeige- und Mittelfinger neben den Kern legen, den Daumen auf die Rückseite dieser Hälfte. Dann mit allen drei Fingern sanft drücken – und schon bewegt sich der Kern heraus, ohne dass das kostbare Fruchtfleisch matschig wird.

106.

**Was muss seit Mai 2021 beim
Verkauf von Autoreifen in den Kategorien
von A bis C angegeben werden?**

A: Rollgeräusch eines mit 80 km/h fahrenden Autos

B: Bremsverhalten auf Schnee und Eis

C: Gesamtnutzungsdauer in gefahrenen Kilometern

A: Rollgeräusch eines mit 80 km/h fahrenden Autos

Um ein Produkt beurteilen zu können, muss es Vergleichsmöglichkeiten geben. Wer Elektrogeräte kauft, will zum Beispiel etwas über die Leistung und den Verbrauch erfahren und wie das Gerät im Vergleich zu anderen dasteht. Auch bei Autoreifen sind solche Einordnungen nützlich. Um sie zu ermöglichen, wurde bereits im Jahr 2012 das EU-Reifenlabel eingeführt. Es gibt Auskunft über den Rollwiderstand – das ist wichtig, weil davon der Benzinverbrauch beeinflusst wird. Auch die Bremsleistung bei Nässe macht das Label kenntlich. Und schließlich gibt es das sogenannte externe Abrollgeräusch an – also den von außen wahrnehmbaren Reifenlärm eines fahrenden Autos. Zugrunde gelegt wird dabei eine Geschwindigkeit von 80 km/h.

Bis einschließlich April 2021 erfolgte die Angabe des Rollgeräuschs in Dezibel und mit einem Piktogramm. Seit dem 1. Mai gibt es einen neuen Aufkleber. Er weist die Kategorien A bis C auf. A bedeutet: Das Fahrzeug liegt um mehr als 3 Dezibel unter dem zugelassenen Grenzwert. B heißt: Das Reifengeräusch unterschreitet ihn um bis zu 3 Dezibel. Das C kommt faktisch nicht vor – es besagt, dass die jeweiligen Reifen den Grenzwert überschreiten. Sie sind daher nicht zulassungsfähig.

107.
Was ist das Besondere bei der Verwendung des Pflanzenschutzmittels Neemöl?

A: Es versiegelt die Pflanze und bildet einen Schutzfilm.

B: Nützlinge wie Bienen und Marienkäfer werden nicht gefährdet.

C: Schädlinge können die Pflanzen nicht mehr riechen.

B: Nützlinge wie Bienen und Marienkäfer werden nicht gefährdet.

Wenn nur die Nebenwirkungen nicht wären! Pflanzenschädlingen möchte man als Gartenfan ja am liebsten so richtig eins aufs Haupt geben. Aber Chemie macht dummerweise keine Unterschiede – durch sie leiden meist nicht nur die Schädlinge, sondern auch Nützlinge wie Bienen oder Marienkäfer. Eine bessere, weil verträgliche Alternative ist das Neemöl oder auch Niemöl. Es schont die guten Insekten und ist auch für andere Wildtiere und für Haustiere ungefährlich.

Neemöl wird aus den Samen des gleichnamigen Baumes gewonnen, der in Südostasien heimisch ist. Es enthält biologisch aktive Substanzen, insbesondere den Wirkstoff Azadirachtin. Der hemmt die Fresstätigkeit von Laus, Trauermücke, Milbe & Co., er stört sie bei der Häutung und bremst das Wachstum der Larven in der Erde. Die Schädlinge sind zwar nicht sofort hinüber, hören aber schnell zu fressen und zu saugen auf und sterben nach ein paar Tagen ab. Im Fachhandel gibt es gebrauchsfertige Lösungen zum Aufsprühen. Man kann das Öl aber auch pur kaufen und wenige Milliliter ins Wasser der Sprühflasche geben. Die Pflanzen am besten frühmorgens behandeln und nicht bei Regen, da das Öl sonst abgewaschen wird. Zu starker Sonnenschein ist auch ungünstig, weil dann die Blätter verbrennen können. Das Öl lässt sich auch vorbeugend anwenden, indem man es dem Gießwasser beimischt.

108.
Auf dem Platz vor der italienischen Börse in Mailand ...?

A: bestimmt der italienische Börsenindex den Pizzapreis

B: können sich Fußgänger im Winter draußen die Füße wärmen

C: steht eine Statue in Form eines riesigen, ausgestreckten Mittelfingers

C: steht eine Statue in Form eines riesigen, ausgestreckten Mittelfingers

Er provoziert für sein Leben gern. Der zeitgenössische italienische Künstler Maurizio Cattelan ist mit Werken wie »Betender Hitler« und mit einer Figur von Johannes Paul II. bekannt geworden, die von einem Meteoriten dahingestreckt auf einem roten Teppich liegt. Auch vor der Borsa Italiana an der Piazza Affari in Mailand ist Cattelan mit einer Skulptur vertreten. Eine elf Meter hohe aufgerichtete Hand steht dort, erhoben wie zum römischen Gruß – dem Gruß der Faschisten, also mit ausgestrecktem Arm.

Doch fehlen alle Finger bis auf den mittleren, wodurch die Skulptur eine ganz eindeutige Aussage bekommt. Da die Hand zudem von der Börse weg in Richtung Stadt zeigt, sieht es konkret so aus, als zeige die Börse, also die Welt der Finanzen, der Bevölkerung den Mittelfinger. Das Kunstwerk ist folglich als kritischer Kommentar zu den Verfehlungen der internationalen Finanzmärkte zu verstehen. Es trägt den Titel L.O.V.E., das bedeutet: »libertà, odio, vendetta, eternità« – zu Deutsch »Freiheit, Hass, Rache, Ewigkeit«.

109.

Als allgemeine Faustregel für Sonnencreme gilt: Je höher der Lichtschutzfaktor, desto …?

A: länger ist sie haltbar

B: schneller zieht die Creme in die Haut ein

C: hartnäckiger sind Flecken,
die auf der Kleidung zurückbleiben

C: hartnäckiger sind Flecken, die auf der Kleidung zurückbleiben

Sonnencreme ist gut für die Haut, aber leider nicht für die Kleidung. Sie verursacht nämlich hartnäckige Flecken. Leider sind die umso fieser, je höher der Lichtschutzfaktor ist. Schuld daran sind die in der Creme enthaltenen organischen UVA-Filter. Die besitzen oftmals eine gelbe Farbe, sind öllöslich und können deshalb tief ins Gewebe eindringen. Zu allem Überfluss bemerkt man die Flecken oft erst nach dem Waschen. Denn gelbliche Metallionen im Leitungswasser verbinden sich mit den UV-Filtern in der Kleidung und verstärken die Flecken zusätzlich.

Es gibt zwar auch Sonnenschutzmittel ohne organische UV-Filter, aber die lassen sich nur schwer auf der Haut verreiben. Und die Anti-Flecken-Formel, mit der manche Firmen werben, reduziert lediglich die Intensität der Flecken nach dem Waschen. Was tun? Sie sollten beispielsweise keine feinen Gewebe wie Seide tragen, wenn Sie Sonnencreme verwenden. Ist das Malheur aber schon passiert, ist es wichtig, schnell zu waschen. Denn je länger die Creme in den Stoff eintrocknen kann, desto schwerer bekommt man sie wieder heraus. Nach dem Waschen die Kleidung keinesfalls in der Sonne trocknen, denn dadurch zieht die Creme noch stärker ins Gewebe ein. Grundsätzlich gilt: Vorbeugen ist besser als rubbeln. Sprich: Sonnencreme zunächst gut in die Haut einziehen lassen und sich erst danach anziehen. Denn auch das ist eine Binsenweisheit: Auf Sonnenschutz kann man nicht verzichten.

110.

Bestsellerautor und Jurist Ferdinand von Schirach hat 2020 nach eigenen Angaben erst nach 15 Jahren …?

A: in seiner Wohnung die Herdplatten zum ersten Mal angeschaltet

B: herausgefunden, wie er mit unterdrückter Nummer telefoniert

C: erkannt, dass Anti-Kalk-Tabs kein Waschmittel enthalten

A: in seiner Wohnung die Herdplatten zum ersten Mal angeschaltet

Ferdinand von Schirach ist durch seine Bücher eine Berühmtheit geworden. Der Jurist schreibt Romane, Kurzgeschichten und Theaterstücke zum Thema Recht und Gerechtigkeit, die Millionen fesseln und deren Verfilmungen für ethische Diskussionen in der Bevölkerung sorgen. Für den NDR ist er laut einer Rezension ein »Moralist ohne ausgestellte Moral«. Und über sich selbst lachen kann er auch. Das zeigte sich im Frühjahr 2020 zu Beginn der Corona-Pandemie.

Von Schirach, der sonst zum Frühstücken immer in ein Café ging, war wegen des Lockdowns gezwungen, sich daheim zu verköstigen. Er beschloss, Eier zu kochen – und musste wenig später den Reparaturservice rufen, weil es in seiner Küche nach verbranntem Plastik stank. Der Mann vom Reparaturdienst erkannte rasch, dass unter den Herdplatten noch die Transportsicherungen aus Kunststoff steckten. »Ich hatte in der Wohnung, in der ich seit 15 Jahren wohne, tatsächlich noch nie eine der Platten angeschaltet«, schrieb von Schirach kurz darauf selbstironisch in dem Buch »Trotzdem«, das er gemeinsam mit dem Filmemacher Alexander Kluge herausbrachte. Der schmale Band enthält einen Dialog, den die beiden Intellektuellen 2020 via Messenger geführt haben. Darin geht es um weitaus mehr als nur um Küchenunfälle. Aber schamhaft verschwiegen werden diese eben auch nicht.

111.
Wer auf gesundheitlich umstrittenes Natriumferrocyanid im Essen verzichten möchte, sollte …?

A: lieber zu schwarzen statt zu grünen Oliven greifen

B: keine Nuss-Nougat-Creme mit Palmöl kaufen

C: bei Speisesalz auf die Zutatenliste achten

C: bei Speisesalz auf die Zutatenliste achten

Ein Blick auf die Zutatenliste ist beim Einkauf von Lebensmitteln immer empfehlenswert. Sogar bei einer so simplen Sache wie Salz. Vor Jahrhunderten war Salz noch eine Kostbarkeit, die weit übers Land transportiert werden musste. Heute findet es sich überall zu relativ geringen Preisen. Doch oft ist nicht nur Natriumchlorid – so der chemische Name für Speisesalz – in der Packung, sondern auch Stoffe wie Natriumferrocyanid (E 535). Sie dienen als Trennmittel und verhindern, dass das Salz verklumpt. Das geschieht nämlich, wenn Luft darankommt – es zieht die in ihr enthaltene Feuchtigkeit an sich.

In größeren Mengen kann die Rieselhilfe E 535 die Nieren schädigen. Allerdings ist sie dem Salz in so geringer Menge zugesetzt, dass sie als unbedenklich eingestuft wird: Zehn Gramm pro Kilo Salz sind erlaubt. Auf der Packung muss der Stoff aber aufgeführt sein. Wer ihn trotz allem vermeiden will, der greift zu Produkten, auf denen steht: »ohne Rieselhilfe«. Oder wählt Salz, dem etwa Calcium- oder Magnesiumcarbonat als Rieselhilfe eingesetzt werden. Beides gilt als harmlos.

112.

**Die Nachricht, dass Abraham Lincoln
1860 zum US-Präsidenten
gewählt geworden war, …?**

A: erreichte als Eilmeldung nach 7 Tagen
und 17 Stunden die Westküste

B: inspirierte den Anbau von Champagner
im Napa Valley

C: wurde als letzter Wahlsieg offiziell
per Rauchzeichen verkündet

A: erreichte als Eilmeldung nach 7 Tagen und 17 Stunden die Westküste

Heutzutage erleben wir nahezu in Echtzeit mit, was überall auf der Welt geschieht. Das Internet hat dafür gesorgt, dass Ereignisse von wo auch immer in Windeseile weitergemeldet werden. Manchmal wird uns das zu viel. Wir müssen nicht jede Information aufsaugen, die uns angeboten wird, sondern sollten auch Zeiten einrichten, in denen wir uns vor der Nachrichtenflut etwas zurückziehen. In früheren Zeiten war es anders. Da brauchten Nachrichten länger, bis sie – wenn überhaupt – in die entlegensten Winkel drangen. Im Mittelalter dauerte es manchmal sogar Monate, bis jemand von einem für ihn wichtigen Ereignis erfuhr.

Und im 19. Jahrhundert? In den USA etwa wurde am 6. November 1860 Abraham Lincoln zum 16. Präsidenten gewählt. Schnell galt es, die Nachricht vom Wahlsieg auch an der Westküste zu verbreiten. Deshalb wurden die Ergebnisse von Washington D.C. aus erst per Telegraf und dann mit den wagemutigen reitenden Boten des »Pony-Express« am 7. November quer über den Kontinent geschickt. Am 14. November erreichten die Boten das Fort Churchill in Nevada. Von dort wurde die Nachricht erneut von der Telegrafie an die Küste übermittelt. Insgesamt brauchte die Neuigkeit also sieben Tage und 17 Stunden, um an der amerikanischen Westküste anzukommen. Im Jahr 1860 war das phänomenal schnell.

113.
Wobei sollte auf das sogenannte Mausohrstadium geachtet werden?

A: beim Schleifen von Sägeblättern

B: beim Rückschnitt von jungen Obstbäumen

C: beim Kneten von Hefeteig

B: beim Rückschnitt von jungen Obstbäumen

Im Obstanbau beginnt der Frühling eigentlich erst so richtig mit dem Beginn der Obstblüte. Damit aus den Winterknospen von Obstbäumen wie Apfel oder Birne Blüten entstehen können, braucht es ausreichend Wärme und Licht. Die Zeit, in der an den Knospen zuerst kleine grüne Blattspitzen zu sehen sind, nennt man Mausohrstadium, da diese Spitzen wie die Ohren einer Maus aussehen. Ihr folgt das Stadium der »Roten Knospe«, in der zum Beispiel bereits das leuchtende Rot der Apfelblütenblätter zu erkennen ist. In warmen März- und Aprilwochen liegen zwischen diesen beiden Stadien normalerweise nur wenige Tage. Wenn jedoch die Tages- und Nachttemperaturen den einstelligen Bereich nicht überschreiten, kann sich diese Entwicklung auch über zwei bis drei Wochen hinziehen.

Nun lässt sich erkennen, ob die Bäume in den vergangenen Monaten genügend Blütenknospen für eine neue gute Ernte entwickelt haben. Oft sind die Bäume vom Vorjahr erschöpft, weswegen sie nicht mehr ausreichend Kraft und Nährstoffe für viele neue Blüten besitzen. Man spricht deswegen von Alternanz, weil die Bäume nur alternierend, also in jedem zweiten Jahr ausreichend Früchte tragen – eine typische Eigenschaft für Apfelsorten wie etwa Boskoop oder Elstar. Jedenfalls sollten jetzt junge Obstbäume nicht mehr zurückgeschnitten werden. Sie brauchen die eingelagerten Reservestoffe zum Wachsen. Würden weiterhin Triebe weggeschnitten, könnte das Baumwachstum ins Stocken geraten.

114.

**Belugas und Irawadi-Delfine
sind die einzigen Wale, die ...?**

A: sich morgens und abends die Zähne putzen

B: verschiedene Gesichtsausdrücke
zur Kommunikation nutzen

C: eine Art Vorratskammer für Nahrung anlegen

B: verschiedene Gesichtsausdrücke zur Kommunikation nutzen

Delfine und Wale sind als Meeressäuger miteinander verwandt: Innerhalb der Walfamilie bilden die Delfine die größte Gruppe. Zwischen zwei von ihnen, dem Beluga-Wal und dem Irawadi-Delfin, gibt es darüber hinaus noch besondere Gemeinsamkeiten. Beluga-Wale, wegen ihrer hellen Farbe auch Weißwale genannt, leben in arktischen und subarktischen Gewässern. Sie sind sehr sozial und kommunizieren viel miteinander durch Brummen, Quietschen und Zwitschern, weshalb sie auch »Kanarienvögel der Meere« heißen. Auch ihren Gesichtsausdruck können sie verändern, indem sie die Mundwinkel nach oben oder unten ziehen und die Lippen spitzen.

Das wiederum haben sie mit den Irawadi-Delfinen gemeinsam. Die sind zwar nach einem Fluss in Südostasien benannt, leben dort aber an der Küste, nicht in Flüssen. Mit ihren abgerundeten Schnauzen sehen sie fast mehr aus wie Wale als wie Delfine. Und wie die Belugas können sie ihre Mimik verändern. Dass beide Meeresbewohner auf diese Weise lächeln und Küsschen geben, ist allerdings eine menschliche Interpretation und völlig falsch. Die verschiedenen Ausdrücke dienen der Kommunikation mit ihresgleichen.

115.

In Frankreich waren gegen Ende des 18. Jahrhunderts Gas- und Heißluftballons so populär, dass …?

A: Jakobinermützen aus Ballons heraus verkauft wurden

B: ein Linienverkehr per Ballon nach England eingerichtet wurde

C: Teile der neuen Verfassung in fast 4000 m Höhe verlesen wurden

C: Teile der neuen Verfassung in fast 4000 m Höhe verlesen wurden

Der 18. September 1791 ist in Frankreich ein besonderer Tag: Die neue Verfassung wird verkündet. Zwei Wochen zuvor, am 3. September, hat die Nationalversammlung sie verabschiedet. Nun sollen Freiheit, Gleichheit, Brüderlichkeit gelten. Das Land will eine konstitutionelle Monarchie werden, mit dem König an der Spitze. Er hat bereits einen Eid auf die Verfassung geschworen und die Revolution für beendet erklärt (wir wissen, dass es anders kommen wird).

Am Morgen dieses 18. Septembers besteigt der Ballonfahrer B. Lallemand de Sainte-Croix seine Gondel. Ganz Frankreich ist im Luftfahrtfieber, seit die Papierfabrikanten Etienne und Joseph Montgolfier den Heißluftballon erfunden haben und der Physiker Jacques Charles mit dem Gasballon nachgezogen hat. Lallemands Gondel hat die Gestalt eines Hahnes. Als Proviant nimmt er mit: Brot, Wein, zwei Hähnchenschenkel. Außerdem steckt er ein Exemplar der neuen Verfassung ein. Dann erhebt er sich in die Lüfte und schwebt über die Champs-Elysées. Auf fast 4000 Metern Höhe isst er einen Hähnchenschenkel, trinkt auf die Freiheit aller Menschen ein Glas Wein und verliest die Erklärung der Menschenrechte. Zwar hört ihm außer den Wolken niemand zu. Doch er hat seine patriotische Pflicht erfüllt.

116.

**Indische Wissenschaftler fanden
2018 heraus, dass Großstädte ...?**

A: für eine Abkühlung ihrer direkten
Umgebung sorgen können

B: große Löcher in der Wolkendecke
entstehen lassen können

C: zu höheren Windgeschwindigkeiten
im Umland führen können

B: große Löcher in der Wolkendecke entstehen lassen können

Die bessere Sicht ist bestimmt nicht der Grund, warum über Großstädten die Wolkendecke oft lückenhaft ist. Forschende der NASA stellten vor ein paar Jahren diesen Zusammenhang fest: Wo Großstädte liegen, entsteht darüber gern ein großes Loch. Aber warum? Die NASA hatte die Lücken zuerst mit den »Hole-Punch Clouds« verglichen – den Wolken, die aussehen wie mit dem Locher gelocht, nachdem ein Flugzeug hindurchgeflogen ist. Hierbei lassen die Abgase der Flieger die Regentropfen in den Wolken gefrieren, sie sinken ab – und schon ist dort ein Loch in der Wolke.

Anders verhält es sich aber bei Wolkenlöchern über Großstädten. Ein indisches Team wertete Satellitenbilder aus den Jahren 2000 bis 2016 aus. Dabei entdeckte es den sogenannten Hitze-Insel-Effekt: Großstädte sind wärmer als ihre Umgebung. Das führt dazu, dass sich über ihnen Wolken und Nebel schneller auflösen. Den Forschenden hatte bei der Entschlüsselung des Geheimnisses geholfen, dass die Wolkenlöcher umso größer waren, je größer auch die darunter liegende Stadt war. Sie schlossen daraus auf einen eindeutigen Zusammenhang.

117.

Die Britin Jenni Coleman wachte 2020 eines Morgens mit einem grünen Gesicht auf, nachdem sie …?

A: eine Woche lang Magnesium anstatt Kalzium eingenommen hatte

B: einen abgelaufenen Selbstbräuner benutzt hatte

C: vergessen hatte, ihre glycerin-haltige Haarkur auszuspülen

B: einen abgelaufenen
   Selbstbräuner benutzt hatte

Blasse Haut galt früher als schön – war sie doch ein Zeichen dafür, dass man nicht gezwungen war, durch harte Arbeit auf dem Feld sein Brot zu verdienen. Im 20. Jahrhundert kam dann die gebräunte Haut in Mode, sie wirkte sportlich und gesund. Aber grün? Grüne Haut war nie modern, außer im Fasching. Wer grün im Gesicht ist, steht im Zweifel kurz davor, sich zu übergeben. So ist der Schreck begreiflich, den die Britin Jenni Coleman im Jahr 2020 bekam, als sie eines Morgens nach dem Aufstehen in den Spiegel schaute und erkennen musste: Ihr Gesicht leuchtete grün! Was war passiert?

Jenni Coleman hatte Selbstbräuner benutzt – die Alternative für alle, die im Winter nicht ins Sonnenstudio und trotzdem gebräunt sein wollen. Unglücklicherweise war das Produkt nicht mehr haltbar gewesen. Der Wirkstoff Dihydroxyaceton, der normalerweise mit den Eiweißen in der oberen Hautschicht reagiert und sie bräunlich färbt, hatte sich abgebaut. Statt Braun kam somit Grün heraus – und blieb ein paar Tage lang. Einmal geöffnete Selbstbräuner sollten eben innerhalb eines halben Jahres verbraucht werden. Die 35-jährige Coleman, Mutter zweier Kinder, bewies übrigens Humor: In einem Interview sagte sie, sie sehe aus wie »The Wicked Witch of the West« aus dem verfilmten Kinderbuchklassiker »Der Zauberer von Oz«.

118.

Seit Januar 2022 müssen Supermärkte mit einer Verkaufsfläche ab 800 Quadratmetern …?

A: Selbstbedienungskassen installieren

B: Einkaufskörbe in zwei verschiedenen Größen anbieten

C: Elektroschrott annehmen, wenn sie Elektrogeräte verkaufen

C: Elektroschrott annehmen, wenn sie Elektrogeräte verkaufen

Recycling ist eine Wissenschaft für sich. Was kann wo abgegeben werden? Nicht selten irren Menschen mit Altgeräten umher oder stehen vor verschlossenen Türen, weil die zuständigen Annahmestellen just nicht geöffnet haben. Das war zumindest bis Ende 2021 so. Doch seit Jahresanfang 2022 gibt es eine Vereinfachung. Seither müssen auch Supermärkte unter bestimmten Bedingungen Elektroschrott annehmen.

Dazu verpflichtet sind Märkte ab einer Verkaufsfläche von 800 Quadratmetern, wenn sie mehrmals im Jahr oder aber ständig Elektro- und Elektronikgeräte anbieten. Kleine Geräte wie Handys, elektrische Zahnbürsten oder Taschenrechner wird man dort auch los, wenn man nicht gleichzeitig ein neues Gerät kauft. Maximal fünf auf einmal dürfen es sein. Bei Großgeräten, etwa Waschmaschinen oder Fernsehern, gilt: Der Handel muss sie nur dann zurücknehmen, wenn zeitgleich ein neues Produkt derselben Art über den Ladentisch wandert. Die neue Verordnung trat nach einer Übergangsfrist bis zum 30. Juni 2022 endgültig in Kraft. Und natürlich sind auch weiterhin die Wertstoffhöfe eine Anlaufstelle für das Entsorgen.

119.

Das sächsische Traditionsgebäck »Eierschecke« verdankt nach gängiger Überlieferung seinen Namen ...?

A: einem Sedimentgestein aus dem Erzgebirge

B: dem dreistöckigen Aufbau der Dresdner Semperoper

C: einer dreiteiligen Bekleidung für Männer aus dem 14. Jahrhundert

C: einer dreiteiligen Bekleidung für Männer aus dem 14. Jahrhundert

Man nehme: Hefeteig für den Boden. Butter, Ei, Zucker und Milch für einen Quark-Vanille-Pudding als mittlere Schicht. Zuletzt rühre man für die oberste Schicht Eigelb mit Butter, Zucker und Vanillepudding cremig und hebe Eischnee darunter. Nach angemessener Backzeit im Ofen ist die Köstlichkeit namens Dresdner Eierschecke fertig. Das sächsische Traditionsgebäck ist heute nicht nur rund um die Landeshauptstadt beliebt und in vielen Variationen bekannt, so etwa mit Äpfeln und Mohn. Es heißt, dass in vielen Familien die Rezepte sorgfältig von einer Generation an die nächste weitergegeben werden.

Woher aber kommt der Name? Beim Backen wird die Schecke scheckig, sagen die einen. Verkehrt ist das nicht. Aber es gibt eine andere, wahrscheinlichere Möglichkeit. »Schecke« hieß nämlich im 14. Jahrhundert ein Kleidungsstück für Männer: ein etwa dreiviertellanger Leibrock, der mit einem Hüftgürtel getragen wurde, dem sogenannten Dusing. Der Gürtel als mittleres Teil verlieh dem Leibrock ein dreiteiliges Aussehen. Und weil auch die Schecke mit ihren Schichten dreigeteilt ist, war der Name fertig.

120.

**Wer wurde für die Darstellung
einer Musik-Ikone für den Oscar nominiert,
gewann ihn aber nicht?**

A: Rami Malek als Freddie Mercury

B: Cate Blanchett als Bob Dylan

C: Jamie Foxx als Ray Charles

B: Cate Blanchett als Bob Dylan

Er hat als erster Musiker den Literatur-Nobelpreis erhalten – der Singer-Songwriter und Lyriker Bob Dylan. Im Lauf seiner langen Karriere hat er sich immer wieder neu erfunden: Er wurde vom Folk- zum Rockmusiker, griff aber auch Elemente aus Gospel, Country, Blues und dem klassischen amerikanischen Pop der 1930er- bis 1960er-Jahre auf. 2007 entstand eine Filmbiografie über ihn. Der Titel: »I'm Not There«, nach einem unveröffentlichten Song von 1966. Gleich sechsmal wurde dafür die Rolle des Bob Dylan vergeben, unter anderem an Richard Gere und Christian Bale. Und als einzige Frau wirkte mit: Cate Blanchett.

Die australisch-US-amerikanische Schauspielerin verkörpert in dem Film die androgyne Seite des Künstlers. Mit dunklem Wuschelkopf ist sie ihm auch äußerlich anverwandelt. Doch ging es nicht darum, eine Kopie von Dylan zu sein – wie überhaupt der ganze Film keine klassische Nacherzählung einer Biografie ist. Vielmehr sollten wichtige Themen aus dem Leben Bob Dylans lebendig gemacht werden. Die Kritik nahm das Werk sehr positiv auf. Der Film erhielt mehrere Preise und Cate Blanchett erhielt eine Oscar-Nominierung als beste Nebendarstellerin. Allerdings gewann sie den Preis nicht – wohl aber den Golden Globe in derselben Kategorie.

121.

Ein zusammengeknülltes Stück Papier hilft, ...?

A: Kindern die richtige Haltung eines Stiftes beizubringen

B: einen stumpfen Anspitzer wieder zu schärfen

C: sich Vokabeln schneller einzuprägen

A: Kindern die richtige Haltung eines Stiftes beizubringen

Wer schreibt, der bleibt, besagt ein schönes Sprichwort. Für Schule und Ausbildung gilt das auf jeden Fall. Eine gute, flüssige Schrift und ein souveräner Umgang mit Texten ist ein großer Vorteil. Der Grundstein für diese Fertigkeit wird schon früh gelegt: spätestens in der ersten Grundschulklasse, wo den ABC-Schützen das Schreiben beigebracht wird. Am besten – weil am einfachsten und ergonomischsten – ist dabei die Dreipunkthaltung: Der Stift ruht auf dem vorderen Glied des Mittelfingers, Daumen und Zeigefinger greifen und führen ihn.

Doch was machen Ringfinger und kleiner Finger? Sie werden nicht gebraucht, sind vielleicht im Weg und verkrampfen deshalb. Ein zur Kugel zusammengeknülltes Stück Papier wirkt hier Wunder. Es wird unter die beiden arbeitslosen Finger geklemmt. Das sorgt für eine entspannte Handhaltung. Vielleicht wollen Sie es gleich einmal selbst ausprobieren?

122.

Der Liverpooler Bernie Carroll ist seit 1978 täglich damit beschäftigt, …?

A: Beschwerdebriefe an eine örtliche Zeitung zu schreiben

B: die Farbe roter Telefonzellen aufzufrischen

C: sich Glückskekssprüche für das örtliche Chinatown auszudenken

A: Beschwerdebriefe an eine örtliche Zeitung zu schreiben

»Was macht mich heute wütend?« Diese Frage stellt sich Bernie Carroll aus Liverpool jeden Morgen, bevor er die örtliche Tageszeitung »Liverpool Echo« aufschlägt und zu suchen beginnt. Tatsächlich findet er immer etwas, worüber er sich aufregen kann. Sei es ein Wettessen, ein schnöder Tippfehler oder ein Bericht über kosmetische Lippenvergrößerungen. Wenn er etwas gefunden hat, schreibt er einen Beschwerdebrief an die Zeitung – seit 1978 jeden Tag. Mehr als 15 000 Briefe sind bislang zustande gekommen. Regelmäßig druckt die Zeitung welche ab und berichtet gern auch über den Absender. Den kann man getrost als ihren dienstältesten Mitarbeiter bezeichnen.

Im Erstberuf war Carroll, der mittlerweile über 70 Jahre alt ist, Übersetzer. Doch vor 30 Jahren sattelte er um. Er wurde Künstler, illustrierte Pubs und schuf Poster und Plakate für Liverpool, Manchester und andere Städte. Man trifft ihn meist an seinem »Schreibtisch« vor einem Restaurant in der Falkner Street an. »Hier gehöre ich schon zum Mobiliar«, hat er im »Echo« gesagt. Und, mit Blick auf seine vielen Briefe: »Ihr könnt mich den rechthaberischsten Mann von Liverpool nennen.«

123.

Weshalb sind vakuumverpackte Grillwürste häufig von einem geleeartigen Film umgeben?

A: Er sorgt für eine gleichmäßige Bräunung beim Grillen.

B: Kollagen aus der Wurst verfestigt sich bei der Herstellung.

C: Das Gelee aus Glykose schützt die Haut vor dem Aufplatzen.

B: Kollagen aus der Wurst verfestigt sich bei der Herstellung.

Grillwürste sollten länger haltbar sein, mindestens vom Einkauf bis zum nächsten Grillabend. Sie werden daher meist unter Vakuum verpackt und anschließend pasteurisiert, also im Wasserbad erwärmt. Das dient dem Schutz vor möglichen Keimen. Durch die Hitze tritt jedoch Fleischsaft aus. Beim Abkühlen geliert dieser Fleischsaft beziehungsweise das in ihm enthaltene Kollagen. Kollagen ist ein Eiweiß, das vor allem im Bindegewebe vorkommt und ihm Struktur gibt – übrigens nicht nur bei Rind und Schwein, sondern auch bei uns Menschen.

So entsteht also der glibberige Film, der uns beim Auspacken vielleicht erst einmal stutzig macht. Mit dem Wissen, dass es sich hierbei um Fleischsaft handelt, dürfte die Sache aber schon nicht mehr eklig wirken. Beim Grillen verschwindet das Gelee ja dann auch sehr schnell. Wer es aber schon vorher abwaschen möchte, kann das sehr einfach mit warmem Wasser tun.

124.
Damit der Titicaca-Riesenfrosch atmen kann, …?

A: trägt er ein großes Lufthorn am Rücken

B: haben seine Ohren eine kleine Sauerstoffklappe

C: hat er eine faltige Haut, die aussieht wie eine Mönchskutte

C: hat er eine faltige Haut, die aussieht wie eine Mönchskutte

Der Titicaca-See ist mit mehr als 8000 Quadratkilometern der größte See Südamerikas. Er liegt auf dem Hochplateau der Anden, teils in Peru und teils in Bolivien. In dieser besonderen Landschaft gedeihen Tiere, die es woanders nicht gibt. Wie zum Beispiel der Titicaca-Riesenfrosch. Sein Rumpf misst zwischen 20 und 30 Zentimetern, damit ist er vergleichsweise groß.

Mit seiner faltigen Haut, die ihm ein schwabbeliges Aussehen verleiht, ähnelt dieser Frosch einem Mönch in seiner Kutte. Wie alles in der Natur hat dieses Merkmal jedoch seinen Zweck: Der Titicaca-Riesenfrosch, der ausschließlich im Wasser lebt, atmet über die Haut. Der Rest ist Mathematik: Je mehr Hautoberfläche der Frosch besitzt, desto mehr Sauerstoff kann er auf einmal aufnehmen. Das ist auch deshalb wichtig, weil in der großen Höhe der Anden im Wasser und an der Luft die Sauerstoffkonzentration geringer ist als anderswo auf der Erde. Deshalb die vielen sackartigen Falten und Taschen, die den Eindruck erwecken, als ob dem Frosch seine Haut viel zu groß ist. Anders als die meisten Mönchskutten ist die Haut des Titicaca-Riesenfrosches jedoch nur selten schwarz. Viele Exemplare sind olivgrün mit pfirsichfarbenem Bauch, andere grau mit schwarzen Sprenkeln auf dem Rücken. Und es gibt auch schwarze Tiere mit weißer Marmorierung.

125.

Wozu dienen Boxen mit einer Größe von vier Quadratmetern auf den Straßen Pekings?

A: Megafon der Verkehrspolizei

B: Laufbänder zum Joggen in gefilterter Luft

C: Mini-Küche, um sich unterwegs
eine Mahlzeit zuzubereiten

B: Laufbänder zum Joggen
   in gefilterter Luft

Im Freien macht Joggen doch am meisten Spaß. An frischer Luft laufen, möglichst durch Grünanlagen oder durch den Wald – das tut Körper und Seele gut. Was aber, wenn alles Mangelware ist: der Platz, das Grün und sogar die frische Luft? In dem Fall sind Fitnessboxen, wie sie seit 2017 in Peking stehen, immerhin eine praktische Alternative. Ähnlich wie Relaxboxen und Schlafkabinen, die raumsparende Entspannungs- und Übernachtungsmöglichkeiten bieten, ermöglichen Fitnessboxen das Trainieren auf engem Raum.

Alles, was man dafür braucht, ist eine App zur Registrierung. Mit ihr sichert man sich solch eine vier Quadratmeter große Box. Nachdem eine Kaution von umgerechnet 13 Euro hinterlegt wurde, ist der Zugang frei. In der Box warten ein Laufband oder ein Crosstrainer, ein Fernseher und eine Klimaanlage. Für nicht mal 1,80 Euro pro Stunde lässt sich so preisgünstig und in sauberer Luft trainieren. Hunderte solcher Fitnessboxen sind in Chinas Hauptstadt bereits installiert. Langfristig soll jeder Mensch in Peking nur fünf Minuten bis zur nächsten Box brauchen. So will man dem Bewegungsmangel in der Bevölkerung abhelfen.

126.

Wer laut grimmschem Wörterbuch von 1888 im Mittelalter »seinen Senf dazugab«, ...?

A: würzte eine Unterhaltung mit witzigen Bemerkungen

B: schmierte seine Meinung illegal auf die Stadtmauern

C: versuchte durch seine Ausdrucksweise adelig zu wirken

A: würzte eine Unterhaltung mit witzigen Bemerkungen

Hinter Redewendungen steckt meist eine lange Geschichte. So auch bei dem Senf, den man zu etwas dazugibt. Im Grimmschen Wörterbuch ist Genaueres nachzulesen. Haben die Gebrüder Grimm doch nicht nur Märchen gesammelt und aufgeschrieben, sondern sich um die deutsche Sprache insgesamt verdient gemacht, indem sie das nach ihnen benannte Wörterbuch begonnen haben – das größte Wörterbuch zur deutschen Sprache seit dem 16. Jahrhundert. Darin steht nicht nur, wie das jeweilige Wort oder die Redewendung geschrieben wird, sondern auch, wo sie herstammt und welche Bedeutungen sie im Lauf der Zeit besessen hat. Das Wörterbuch wurde erst 1961 beendet und sofort wieder überarbeitet, weil Sprache sich immer verändert.

So ist es auch mit dem Senf, der zu etwas dazugegeben wird. Heute meint die Redewendung, dass jemand seine Meinung äußert, obwohl ihn niemand danach gefragt hat. Im späten Mittelalter aber war Senf eine der wenigen Zutaten, die einem Gericht ordentlich Würze verliehen. Wer damals also zu einem Gespräch seinen Senf dazugab, der würzte eine Unterhaltung im übertragenen Sinne mit anregenden, scharfen oder witzigen Bemerkungen. Weil aber die Wirtsleute, um ein Essen kostbar erscheinen zu lassen, bald zu allem Senf dazustellten, egal ob es passte oder nicht, wandelte sich die Bedeutung ins Negative.

127.
Experten empfehlen Schuhspanner aus ...?

A: Schaumstoff, da sie Gehfalten
effektiver entfernen

B: Holz, da sie unangenehme
Geruchsentwicklung verhindern

C: Plastik, da sie die Form des Schuhs
am besten erhalten

B: Holz, da sie unangenehme Geruchsentwicklung verhindern

Manches Althergebrachte ist doch einfach am besten. Das gilt auch und gerade in Haushaltsdingen. Schuhspanner zum Beispiel: Es gibt sie schon seit Ewigkeiten aus Holz. Später kamen auch solche aus Kunststoff und aus Schaumstoff hinzu. Die haben zwar den Vorteil, leichter zu sein, eignen sich also gut auf Reisen. Für daheim empfehlen sich aber Schuhspanner aus Holz. Die sorgen nämlich am besten für ein trockenes Klima im Schuh.

Aber wieso Klima? Sollen Schuhspanner nicht vor allem Gehfalten ausbügeln und die Passform erhalten? Das schon. Aber zur ganzen Wahrheit gehört, dass Schuhe – vor allem bei Regen, aber auch, wenn man schwitzt – feucht werden können. Und wie soll die Feuchtigkeit entweichen, wenn der Schuh anschließend von Kunst- oder Schaumstoff ausgefüllt ist? Da kann die Luft nicht zirkulieren, die Feuchtigkeit bleibt im Schuh – man merkt's dann irgendwann am Geruch. Schuhspanner aus Holz sind hier hilfreich, weil Holz die überschüssige Feuchtigkeit aufnimmt. Schuhspanner ganz wegzulassen ist besonders bei Nässe erst recht keine Lösung: Dann schrumpft das Leder unweigerlich beim Trocknen und es bilden sich Risse darin.

128.

Beim sogenannten Beamforming, einer Technologie, die beim neuen Mobilfunkstandard 5G angewandt wird, …?

A: wird das Netz besser, je mehr Empfangsgeräte im Sendegebiet sind

B: wird das Signal nicht wie zuvor gleichsam in alle Richtungen gefunkt

C: kommt das Signal auch durch zuvor schwer durchdringbare Mauern

B: wird das Signal nicht wie zuvor gleichsam in alle Richtungen gefunkt

»Beamforming« bedeutet wörtlich übersetzt »Strahl-Formung« – also das gezielte Ausrichten eines Mobilfunkstrahls. Herkömmliche Antennen sind passiv, das heißt, sie senden die Strahlen ungezielt kreisförmig in alle Richtungen. Dadurch ist der Empfang im Randbereich schwächer. Antennen mit Beamforming hingegen richten das Signal in Form länglicher Keulen gezielt auf das Empfangsgerät aus. Folglich ist das Signal am Rand des Empfangsbereichs genauso stark wie im Zentrum. Man spricht hier von aktiven Antennen. Trotzdem bewegen sich die Antennen dabei nicht. Es gibt andere technische Möglichkeiten, diese Ausrichtung zu bewirken.

Beamforming macht den Datentransfer schneller und effektiver. Es wird auch im neuen 5G-Mobilfunk-Netz angewandt. Allerdings ist es nicht so, dass dann immer nur ein Endgerät von der »Signalkeule« profitiert. Innerhalb eines Strahls können mehrere Empfänger versorgt werden.

129.

Warum stellte der Brite Mark Rofe 2020 in Manchester eine Plakatwand mit einem riesigen Bild von sich selbst auf?

A: Seine Wohnung war vom Postboten häufig nicht gefunden worden.

B: Er suchte eine neue Freundin.

C: Sein Hund ging mit einem Dogwalker täglich dort Gassi.

B: Er suchte eine neue Freundin.

Wie man es auch anstellt: Eine Garantie, die große Liebe zu finden, existiert nicht. Man kann es mit Dating-Seiten versuchen oder per App mit einem Wischer nach rechts. Selbst die klassische Zeitungsannonce oder gar ein Eheanbahnungsinstitut sind angeblich noch nicht ausgestorben. Anders ging Mark Rofe aus dem englischen Sheffield ans Werk. Er stellte im Februar 2020 eine leuchtend orangefarbene Plakatwand mit einem überlebensgroßen Bild von sich selbst an einer befahrenen Autostraße in Manchester auf. In riesengroßen Lettern stand zu lesen: »Single? Date Mark« und darunter etwas kleiner: »Das könnte das Zeichen sein, auf das du gewartet hast« plus Link auf seine Homepage. Der Mann arbeitet in der Marketingbranche.

Das beweist auch seine Webseite, auf der Mark mitteilt, er sei »extrem gutaussehend und bescheiden« und freue sich über Bewerbungen von »allen, die an einem Date interessiert sind«. Die harten Fakten lauten: Der Bewerber ist 1,83 Meter groß, sein Zeigefinger misst 6,82 cm und er hat »mehr als drei Mädchen geküsst«. Wer sagt's denn! Die rund 500 Euro teure Aktion scheint übrigens ein Erfolg gewesen zu sein. Zwar weist die im März 2022 immer noch existierende Seite des Briten aktuell exakt 2363 Interessentinnen und Interessenten auf (auch Männer waren wohl dabei!), doch schon im Oktober 2020 war zu lesen, Mark habe eine tolle Freundin gefunden.

130.

Warum werden traditionellerweise am Ende einer Weinrebenreihe Rosenstöcke gepflanzt?

A: Sie dienen als Frühwarnsystem für Pflanzenkrankheiten.

B: Ihre Stacheln schrecken Wildtiere ab.

C: Rosen geben reifungsfördernde Stoffe über die Luft ab.

A: Sie dienen als Frühwarnsystem
für Pflanzenkrankheiten.

Manches ist schön und nützlich zugleich. Das trifft – oder traf noch bis vor Kurzem – auf die Rosenstöcke zu, die traditionell in Weinbergen an den Anfang oder das Ende einer Rebenreihe gesetzt werden. Rosen sind viel empfindlicher für Pflanzenkrankheiten als Weinreben. Deshalb lässt sich an ihnen ablesen, wie gut es dem Wein geht. Mehltau etwa zeigt sich durch den typisch weißen Belag zuerst an den Rosen. Tritt er auf, so können die Weinreben rasch behandelt und somit geschützt werden, bevor dieser Pilz ihre Blätter verfaulen beziehungsweise vertrocknen lässt.

Allerdings sind die heutigen Rosensorten durch Züchtung widerstandsfähiger geworden und haben deshalb ihre Bedeutung als Indikatorpflanze größtenteils verloren. Aber immer noch verschönern sie die Weinberge – und machen sich auch auf andere Weise nützlich: In ihrem Gezweig finden nützliche Insekten wie die Florfliegen Unterschlupf und die Honigbiene findet Nahrung. Außerdem ist ein Weinberg durch Rosenhecken besser davor geschützt, dass die Erde wegrutscht oder weggespült wird.

131.

Was gilt für Mehrwegflaschen aus Glas im Vergleich zu Mehrwegflaschen aus Plastik?

A: Sie haben in der Regel längere Transportwege hinter sich.

B: Sie werden im Schnitt etwa doppelt so häufig wiederbefüllt.

C: Für ihre Reinigung ist ein höherer Chemikalieneinsatz notwendig.

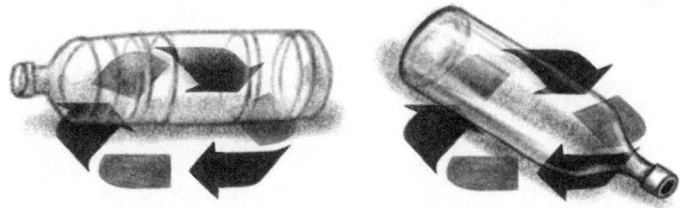

B: Sie werden im Schnitt etwa doppelt so häufig wiederbefüllt.

Plastik oder Glas? Ersteres ist leichter zu tragen und recyceln lässt es sich ja auch. Also? Die Frage ist aber nicht so leicht zu beantworten. Denn abgesehen vom Gewicht und dem damit verbundenen Komfort beim Einkaufen haben Mehrwegflaschen aus Plastik oder Glas, ökologisch gesehen, tatsächlich verschiedene Vor- und Nachteile. Plastikflaschen belasten die Umwelt in der Herstellung weniger als Glasflaschen. Der Energieaufwand, der dabei anfällt, konnte in den letzten Jahren deutlich gesenkt werden. Weil sie leichter sind, verbrauchen sie auch beim Transport weniger Rohöl.

Allerdings haben Mehrwegflaschen aus Plastik gegenüber solchen aus Glas einen entscheidenden Nachteil: Sie lassen sich nur etwa 20-mal befüllen, bevor sie schrottreif sind. Glasflaschen kommen hingegen auf rund 50 Wiederbefüllungen. Womöglich entscheidet also ein anderes Kriterium über die größere Umweltfreundlichkeit: die regionale Herkunft. Hierüber lässt sich der ökologische Fußabdruck noch einmal deutlich beeinflussen.

132.
Was machte New Yorker Pferde im August 1882 unruhig und ließ sie durchgehen?

A: Eine eingeschleppte Ameisenart breitete sich explosionsartig aus.

B: Thomas Edison testete seine neu verlegte Stromversorgung.

C: Die Polizei war mit neuen Trillerpfeifen ausgestattet worden.

B: Thomas Edison testete seine neu verlegte Stromversorgung.

Er wollte ganz New York erleuchten. Anfang der 1880er-Jahre ließ der Elektroingenieur und Erfinder Thomas Alva Edison auf der Lower East Side die Straßen aufreißen: Hier an der Pearl Street entstand ein Kraftwerk, das einen Teil Manhattans mit Gleichstrom versorgen sollte, darunter auch das Gebäude der »New York Times«. Mehr als 20 Kilometer Stromkabel wurden verlegt.

Am 25. August 1882 dann berichtete besagte Zeitung von einem Aufruhr am Nachmittag zuvor nahe der Wall Street. Eine Menschenansammlung hatte beobachtet, wie einige Pferde gescheut hatten und ziellos über die Nassau Street galoppiert waren. Vermutlich war die Isolierung der Stromkabel beschädigt gewesen und die Pferde hatten in den Straßen Stromschläge erlitten, als Edison sein System testete. Am 4. September 1882 wurde es dann aber gestartet, die Zeitung berichtete wieder. Die letzten Reste von Edisons Stromnetz blieben bis ins 21. Jahrhundert hinein in Betrieb. Allerdings wurde sein Gleichstrom in den 1890er-Jahren beim sogenannten Stromkrieg zugunsten der Wechselspannung vom Markt verdrängt.

133.
Die in Südamerika heimische Vogelart »Nyctibius griseus« …?

A: kann sehen, auch wenn sie die Augenlider schließt

B: schmückt ihren Nesteingang mit den Zähnen ihrer Fressfeinde

C: meckert in der Balzzeit wie eine heisere Ziege

A: kann sehen, auch wenn
sie die Augenlider schließt

Wenn in hellen Mondnächten in den lichten Wäldern oder in der Savanne Zentral- und Mittelamerikas tiefe und traurige Klänge zu hören sind, die etwa wie POO-O-OU-OU klingen, dann handelt es sich meist um den Urutau-Tagschläfer, der da ruft. Dieser große und kräftige Vogel, der im Englischen Potoo genannt wird und den wissenschaftlichen Namen *Nyctibius griseus* trägt, wurde von den Einheimischen Urutau getauft, weil er seinen kurzen Schnabel sperrangelweit öffnen kann: »Urutau« heißt übersetzt »Gespenstermaul«.

Eigentlich ist das braune Gefieder dieses Vogels eine perfekte Tarnung, wenn er still und unauffällig auf einem Ast oder einem Holzzaun sitzt. Wären da nicht seine Augen: Deren leuchtend orangefarbene Iris würde ihn gegenüber Feinden sofort verraten, weshalb er die Augen am besten geschlossen halten muss. Doch die Natur hat dem Urutau-Tagschläfer geholfen – mit zwei bis drei stets geöffneten Schlitzen in den Augenlidern. Deswegen kann der Vogel auch dann sehen, wenn er beide Augenlider niedergeschlagen hat. Zudem können die Augen unabhängig voneinander bewegt und gedreht werden. Extrem nützlich sind die Schlitze während der Brutzeit. Zwischen Dezember und März sitzt das Männchen tagsüber nahezu regungslos auf dem einzigen auszubrütenden Ei. Natürlich mit geschlossenen Augen. Nachts übernimmt das Weibchen diese Aufgabe, während das Männchen auf Jagd nach Insekten geht. Immer bestens getarnt.

134.
**Wer eine verdächtige SMS-Nachricht
mit einem Link erhält, sollte …?**

A: die zuletzt installierte App wieder deinstallieren

B: auf die Nachricht mit »#spam« antworten

C: die Nachricht umgehend löschen

C: die Nachricht umgehend löschen

Dass man Spam-Mails als solche kennzeichnet und in den Spam-Ordner verschiebt, dürfte allgemein bekannt sein. Ebenso, dass man nie, unter keinen Umständen, auf die Links klicken soll, die in ihnen enthalten sind. Aber auch per SMS kann Spam eintreffen und dann ist ebenfalls Vorsicht geboten. Das Bundesamt für Sicherheit in der Informationstechnik (BSI) warnt vor verdächtigen SMS-Nachrichten, die zum Beispiel angebliche Links zur Paketverfolgung enthalten. Wenn man daraufklickt, kann Schadsoftware auf dem Handy landen. Oder Kriminelle versuchen dann über falsche Webseiten sensible Daten abzugreifen, etwa die Zugänge fürs Online-Banking.

»Smishing« werden diese Betrugsversuche genannt, das steht für SMS und »Phishing« – also Diebstahl von Zugangsdaten. Seit 2021 wird das Smishing verstärkt beobachtet. Neben der Paketmasche versuchen es die Kriminellen etwa mit dem erlogenen Hinweis, dass eine Sprachnachricht vorläge oder das Handy mit einem Schadprogramm infiziert sei. Deshalb gilt die Dreifachregel: Auf keinen Link klicken! Keine Dateien aus unbekannter Quelle herunterladen! Verdächtige SMS sofort löschen!

135.
**Der sprichwörtliche »rote Faden«
diente früher als …?**

A: Lesezeichen in Büchern

B: Richtschnur, um Burgmauern gerade zu bauen

C: Diebstahlschutzmarkierung für Schiffstaue

C: Diebstahlschutzmarkierung für Schiffstaue

Wenn der rote Faden fehlt, wird's anstrengend. Dann verlieren wir uns beim Lesen eines Textes im Klein-Klein, uns fehlt die Orientierung und der Blick aufs große Ganze. Gerade bei komplexen Werken brauchen wir ein Leitmotiv, einen Grundgedanken, der sich durch alles hindurchzieht und den wir immer wiedererkennen. In diesem Sinn hat Johann Wolfgang von Goethe den Begriff des roten Fadens erstmals gebraucht: In seinem Roman »Die Wahlverwandtschaften« aus dem Jahr 1809 vergleicht er einen Leitgedanken, der sich durch das Tagebuch seiner Protagonistin Ottilie zieht, mit einem roten Faden. Doch woher hatte der Dichterfürst das Bild?

Den Ursprung verrät er dann auch gleich selbst: Die britische Marine war's. O-Ton Goethe: »Sämtliche Tauwerke der königlichen Flotte sind dergestalt gesponnen, dass ein roter Faden durch das Ganze durchgeht, den man nicht herauswinden kann, ohne alles aufzulösen, und woran auch die kleinsten Stücke kenntlich sind, dass sie der Krone gehören. Ebenso zieht sich durch Ottiliens Tagebuch ein Faden.« Der rote Faden war einst also ein ganz konkreter Schutz vor Diebstahl: Man konnte ihn aus Tauen und Seilen nicht entfernen, ohne alles kaputt zu machen, und so war auf den ersten Blick zu erkennen, dass die Taue der Marine gehörten.

136.

Wer eiweißreiche Lebensmittel wie Hülsenfrüchte weniger gut verträgt, sollte ...?

A: während der Mahlzeit keinen Kamillentee trinken

B: 30 Minuten vorher einen halben Teelöffel Olivenöl einnehmen

C: Kiwis zum Nachtisch essen

C: Kiwis zum Nachtisch essen

Eiweiß, Fett und Kohlenhydrate – das sind die wichtigsten Bestandteile unserer Ernährung. Während früher das Fett im Verdacht stand, dick zu machen, sind derzeit die Kohlenhydrate aus figurtechnischen Gründen für manche in Verruf geraten. Aber was ist mit Eiweiß, wissenschaftlich Protein genannt? Wir brauchen es, um uns satt zu fühlen. Es ist am Aufbau von Muskeln und Knochen beteiligt, ebenso an der Abwehr von Krankheitserregern, und es hilft bei der Reparatur von Zellen – um nur einige seiner vielen Aufgaben zu nennen. Eiweiß ist in tierischen Lebensmitteln wie Fleisch, Fisch, Eiern und Milch enthalten. Aber auch manche pflanzlichen Nahrungsmittel enthalten Eiweiß, zum Beispiel Hülsenfrüchte.

Manchen Menschen liegt eiweißreiche Kost allerdings schwer im Magen. Doch da gibt es Abhilfe: Nach einem Gericht etwa mit Kichererbsen oder viel Milchprodukten empfiehlt sich eine Kiwi zum Nachtisch. Denn in ihrem Fruchtfleisch steckt das Enzym Actinidin: Es baut Eiweiß schneller ab und erleichtert so nachweislich die Verdauung von proteinreicher Nahrung. Zwar steckt auch hier wieder der Teufel im Detail: Bei manchen Personen löst Actinidin allergische Reaktionen aus. Doch wenn man Kiwis verträgt, spricht nichts gegen diese Frucht als Verdauungshilfe.

137.
Der junge Matthew McConaughey bekam durch ein Gesichtsöl Akne, verlor aber die Schadenersatzklage, weil ...?

A: seine Mutter vor Gericht erzählte, dass er nur Burger aß

B: er zum »schönsten Jungen« seiner Schule ernannt wurde

C: Mitbewohner Keanu Reeves die Beweisfotos vernichtete

B: er zum »schönsten Jungen« seiner Schule ernannt wurde

Matthew McConaughey ist als Schauspieler sehr erfolgreich. 2014 gewann er den Oscar als Bester Hauptdarsteller für die Rolle des selbstbewussten Aids-Patienten Ron Woodroof in dem Film »Dallas Buyers Club«. Noch dazu ist der US-Amerikaner ausgesprochen attraktiv. Kaum zu glauben, dass er mal Probleme mit seinem Aussehen hatte.

Hatte er wirklich? Als Jugendlicher kam er auf die Idee, gegen die alterstypischen Pickel, von denen auch er nicht verschont geblieben war, das Gesichtsöl seiner Mutter Katherine zu verwenden – ein Nerzöl. Davon bekam Matthew McConaughey aber erst richtig starke Akne. Die Familie sah darin die Chance, etwas Geld zu verdienen, und versuchte den Hersteller wegen emotionalem Stress zu verklagen: Matthew machte geltend, dass die Pickel sein Selbstbewusstsein gemindert hätten und er sich nicht einmal mehr getraut hätte, auf Mädels zuzugehen. Zwischen 35 000 und 50 000 US-Dollar wollte die Familie damit herausholen. Schließlich habe auf der Flasche nicht gestanden, dass Kinder das Nerzöl nicht aufs Gesicht auftragen sollten. Der Plan scheiterte jedoch: Der Anwalt der angeklagten Kosmetikfirma hatte das Jahrbuch von McConaugheys Schule aufgetrieben. Darin war zu lesen, dass der vermeintlich Geschädigte zum »hübschesten Jungen« des Jahres gewählt worden war.

138.
**Wodurch kann verhindert werden,
dass sich Eiskristalle auf dem Inhalt einer
Speiseeispackung bilden?**

A: Eis vor dem erneuten Einfrieren leicht
anschmelzen lassen

B: Zeitungspapier um die Verpackung wickeln

C: Verpackung mit dem Deckel nach unten lagern

C: Verpackung mit dem Deckel nach unten lagern

Eis ist Eis, sollte man meinen. Oder doch nicht? Wer beim (erneuten) Öffnen einer Familienpackung mit Speiseeis zusätzlich auf Eiskristalle aus gefrorenem Wasser stößt, weiß, wovon die Rede ist – und dass Speiseeis ohne diese ungewollte Zutat weitaus besser schmeckt. Doch es gibt einen Trick, mit dem sich verhindern lässt, dass gefrorenes Wasser sich nach dem Schließen der Packung auf dem köstlichen Eis ablagert: einfach die Packung mit dem Deckel nach unten wieder in die Gefriertruhe stellen. Der Rest ist Physik.

Jedes Mal, wenn eine Eispackung nach dem Öffnen wieder geschlossen wird, bleibt zuvor eingeströmte warme Luft im Behälter zurück. Sie enthält weitaus mehr Wasserdampf als kalte Luft. Wenn dann die Packung erneut eingefroren wird, kondensiert dieser Wasserdampf – Eiskristalle bilden sich und lagern sich auf dem Speiseeis ab. Um das zu verhindern, sollte die Packung mit dem Deckel nach unten ins Gefrierfach gestellt werden. Dann nämlich tropft die eingedrungene Feuchtigkeit nach unten auf den Deckel ab und gefriert hier statt auf dem Speiseeis. Beim nächsten Öffnen der Packung lassen sich die Eiskristalle bequem aus dem Deckel wischen und das cremige Speiseeis anschließend ganz ohne wässrigen Beigeschmack genießen.

139.
Die Spottdrossel …?

A: ist in ihren ersten drei Lebensmonaten stumm

B: verrät der Mehlschwalbe,
wann sie gen Süden ziehen soll

C: folgt bei ihrem Gesang klassischen
Kompositionsregeln

C: folgt bei ihrem Gesang klassischen Kompositionsregeln

Sie ist perfekt im Imitieren. Die Spottdrossel, die ihren Namen dieser Fähigkeit verdankt, bringt zur Meisterschaft, was andere Vögel mehr oder weniger auch beherrschen: Laute aus der Umwelt in ihren Gesang einzubauen. Noch dazu ist die Art und Weise, wie die Spottdrossel das tut und wie sie ihren Gesang überhaupt gestaltet, ausgesprochen kunstvoll. Das hat im Jahr 2021 eine deutsch-amerikanische Studie ergeben. Ein Team des Max-Planck-Instituts für empirische Ästhetik in Frankfurt am Main hat herausgefunden: Die männlichen Spottdrosseln – sie sind es ja, die durch ihr Singen die Weibchen beeindrucken müssen – nutzen dieselben Kompositionsregeln, die in der klassischen Musik gelten.

Sie wiederholen zum Beispiel einzelne Passagen, ändern dabei aber die Klangfarbe. Oder sie verändern die Tonhöhe, singen also tiefer oder höher. Aus der menschlichen Musik ist diese Variation bestens bekannt, so hat etwa Ludwig van Beethoven sie zu Beginn seiner fünften Sinfonie eingesetzt. Die dritte und vierte Abwandlung besteht darin, die Wiederholung schneller oder langsamer zu singen, sie also zu stauchen oder zu dehnen. Offensichtlich kommen die Vogelmännchen mit dieser Art des Gesangs gut bei den Weibchen an – sonst hätte sie sich nicht durchgesetzt.

140.
**Was hilft, wenn roter Nagellack
nach dem Entfernen gelbliche
Verfärbungen hinterlässt?**

A: Gipspulver

B: Melkfett

C: Whitening-Zahncreme

C: Whitening-Zahncreme

Mit Nagellack sind schöne Hände erst recht ein Hingucker. Doch vor allem bei dunklen Farbtönen mit einem hohen Anteil von Rot kann es passieren, dass sich die Nägel nach häufigerem Gebrauch gelblich färben. Das sieht dann nicht mehr gepflegt aus. Grund für die Verfärbung sind die Farbpigmente, die besonders roter Nagellack enthält. Sie dringen in die Nagelplatte ein, wenn kein schützender Unterlack aufgetragen wurde.

Was aber tun, wenn es mal passiert ist? Nägel bestehen aus totem Gewebe, sie können sich nicht erneuern, sondern nur nachwachsen. Immer weiter lackieren wäre eine Möglichkeit, damit verschiebt man das Problem aber nur in die Zukunft. Eine andere Möglichkeit befindet sich im Badezimmerschrank, vielleicht sogar in unmittelbarer Nachbarschaft zum Nagellack: Zahnpasta, und zwar handelsübliche Zahncreme mit Whitening-Effekt. Sie enthält Bleichmittel, die auch auf Fingernägeln wirken. Einfach eine kleine Menge Zahnpasta auftragen, einige Minuten einwirken lassen und abspülen. Das Ganze zwei- bis dreimal am Tag wiederholen, bis die Gelbfärbung verschwunden ist. Übrigens hilft das bleichende Wasserstoffperoxid in der Zahnpasta auch bei hartnäckigen Nagellackresten.

141.
Warum lassen Profi-Köche ein Gewürz oft aus der Höhe auf ein Gericht fallen?

A: Beim längeren Fall soll es mit Sauerstoff angereichert werden.

B: Sie erreichen dadurch eine breitere Verteilung des Gewürzes.

C: Es ist nur eine Geste aus der Showküche ohne praktischen Nutzen.

B: Sie erreichen dadurch eine breitere Verteilung des Gewürzes.

Kochen ist ein Handwerk und zugleich eine Kunst. Nicht zuletzt das Würzen erfordert Augenmaß und Fingerspitzengefühl. Man kann dabei eine Menge falsch machen. So etwa, wenn die Gewürzmühle oder der Streuer direkt über die Pfanne oder den Topf gehalten wird. Die Dämpfe, die von unten aufsteigen, können das Gewürz verkleben lassen. Besser ist es, mit der Hand zu würzen. So lässt es sich auch besser dosieren.

Warum aber lassen manche Profi-Köche wie etwa Starkoch Jamie Oliver Salz oder Gewürze oft aus einer Höhe von bis zu 30 Zentimetern aufs Essen fallen? Immer wieder ist das bei Koch-Events zu sehen. Reine Show? Oder aber Gefühlsausdruck, so wie manche beim Musizieren ihr eigenes Spiel mit temperamentvollen Kopfbewegungen begleiten? Nein, beides trifft nicht zu. Vielmehr erreichen die Küchenprofis damit, dass sich das Gewürz breiter und gleichmäßiger auf das Essen verteilt. So soll sich das Aroma dann besser entfalten.

142.
Schauspielerin Meg Ryan ...?

A: trank beim Dreh von »Schlaflos in Seattle«
täglich einen Liter Kaffee

B: hatte vor der Liebeskomödie
»e-m@il für Dich« keinen Computer

C: nahm die Rolle der Sally an,
weil ihr damaliger Freund Harry hieß

B: hatte vor der Liebeskomödie »e-m@il für Dich« keinen Computer

Meg Ryan gehörte in den 1990er-Jahren zu den beliebtesten Leinwandstars. In romantischen Komödien wie »Schlaflos in Seattle«, »French Kiss« und »e-m@il für Dich« spielt sie das süße Mädel mit Herz, das in oft selbstverschuldete Komplikationen gerät, am Schluss aber zuverlässig die große Liebe findet. Nicht selten ist es Tom Hanks, der ihr Herz erobert. So auch in »e-m@il für Dich«, einem Film von 1998. Sie erinnern sich? Das war die Zeit, da es noch dauerte, bis man sich ins Internet eingewählt hatte, und an Messenger-Dienste war noch gar nicht zu denken.

Für ihre Rolle als Buchhändlerin Kathleen Kelly, deren schnuckeliger Laden von einer großen Kette plattgemacht wird, saß Meg Ryan denn auch zum ersten Mal vor einem eigenen Computer. Die Produktionsfirma »Marvel Studios« schenkte ihn ihr und der damalige Assistent und heutige Präsident Kevin Feige brachte ihr das Mailen bei. Dass Kathleen Kelly sich im Cyberspace just in den Besitzer besagter Buchhandelskette verliebt, nachdem er sie finanziell ruiniert hat, kann man heute natürlich kritisch sehen. Auch wurde der Film wegen deutlicher Produktplatzierungen gescholten. Aber schön ist er doch.

143.

Die Männchen der Einlappenkotingas in Südamerika buhlen um Weibchen, indem sie ...?

A: sie mit bis zu 125 Dezibel anschreien

B: sie vom Ast schubsen

C: sich ein Nest auf den Kopf setzen

A: sie mit bis zu 125 Dezibel anschreien

Nicht alles, was sich im Lauf der Evolution durchsetzt, wirkt sinnvoll. Der männliche Pfau etwa hat ein wundervoll farbenprächtiges Federkleid – mit dem er aber nicht fliegen kann. Und der Einlappenkotinga oder auch Weiße Glockenvogel? Er ähnelt einer blütenweißen Taube, wirkt mit seinen rund 250 Gramm durchaus zart – und macht doch einen ohrenbetäubenden Krach. Sein Balzruf bringt es bis auf 125 Dezibel. Forschende aus St. Amherst und Manaus haben im brasilianischen Amazonasgebiet ein Tonband mitlaufen lassen und die Aufnahmen ausgewertet.

125 Dezibel sind lauter als ein Presslufthammer, sie entsprechen dem Lärm, der direkt neben einem landenden Flugzeug herrscht. Worin liegt der Vorteil dieser Lautstärke? Das ist unklar. Fest steht aber: Sie wirkt, denn die Weibchen lassen sich davon herumkriegen und setzen sich zunächst auf denselben Ast wie ihr bevorzugter Partner. Aus vier Metern Abstand hören sie dessen Werben weiter zu – dabei werden sie immer noch mit 100 Dezibel beschallt. Immerhin halten die Männchen die Liebesschreie dann nicht mehr besonders lange durch: Ziemlich rasch erfolgt die Paarung. Ist auch besser für die Ohren!

144.

Laut einer Untersuchung der University of Westminster können Sporttreibende tatsächlich ihre Leistung verbessern, wenn sie ...?

A: beim Sport rosa gefärbte Getränke zu sich nehmen

B: während des Trainings quergestreifte Kleidung tragen

C: vorher eine halbe Stunde lang Vogelgezwitscher lauschen

A: beim Sport rosa gefärbte Getränke zu sich nehmen

Purer Zucker ist böse, so lernen wir aus Büchern und Fernsehen. Der menschliche Körper ist nicht dafür gemacht, Haushaltszucker oder den zugesetzten Zucker aus gesüßten Speisen und Getränken zu verarbeiten. Er braucht Zucker, das ist richtig, er braucht die Energie aus der Glukose. Doch die holt er sich ausreichend aus kohlehydratreichen Nahrungsmitteln wie etwa Getreide oder Kartoffeln. Bekommt er hingegen zu viel Zucker, so wandelt er ihn in Fett um und lagert es ab.

Der Überfluss an Zucker ist allerdings ein junges Problem in der Menschheitsgeschichte. Jahrmillionenlang war Schmalhans Küchenmeister. Deshalb fahren wir noch heute auf Süßes so sehr ab – auf den Geschmack und auch auf Farben im Essen, die uns weismachen, etwas sei gesüßt. Das erlebten Forschende der University of Westminster, als sie Versuchspersonen eine halbe Stunde lang auf einem Laufband joggen ließen. Dabei nahmen die Laufenden rosafarbene oder farblose Getränke zu sich, die bis auf die Farbe exakt identisch waren: gesüßt und kalorienarm. Tatsächlich liefen die Männer und Frauen mit dem rosa Getränk rund 212 Meter weiter und steigerten ihre Geschwindigkeit um 4,4 Prozent. Sie empfanden das Laufen auch als angenehmer. Vermutlich war dies ein Placebo-Effekt: Die rosa Farbe suggerierte wohl, dass mehr Zucker – und damit Energie – im Getränk stecke.

145.
Pflanzenschutzmittel dürfen auf privaten Wohngrundstücken …?

A: nur bis Sonnenuntergang angewendet werden

B: von November bis Februar nur mit Genehmigung genutzt werden

C: nicht auf der Terrasse und in der Zufahrt verwendet werden

C: nicht auf der Terrasse und in der Zufahrt verwendet werden

Chemische Pflanzenschutzmittel verhindern, dass schädliche Insekten oder Krankheiten wie etwa Pilze unsere Pflanzen befallen. Sie bekämpfen auch das Unkraut, das sich zwischen den Nutzpflanzen ausbreiten will. Die Mittel enthalten einen oder mehrere Wirkstoffe und werden in der Landwirtschaft eingesetzt, im Forstbereich und überall da, wo Freilandflächen gärtnerisch genutzt werden, also zum Beispiel auf Rasenflächen oder Beeten. Auf allen anderen Flächen sind sie laut Paragraf 12 des Pflanzenschutzgesetzes jedoch streng verboten.

Denn: Diese Mittel schaden meist der Umwelt. Sie vernichten nicht nur das Unerwünschte, sondern können auch andere Tier- und Pflanzenarten schädigen – am Einsatzort selbst, in der benachbarten Umgebung, aber auch im Grundwasser, wohin sie mit abfließendem Regenwasser oder über Drainageleitungen gelangen. Bringt man sie auf versiegelte Flächen wie etwa Zufahrten oder Terrassen auf, ist die Gefahr sogar besonders groß, dass sie abgewaschen werden und im Grundwasser landen. Gartenfans, die hier dem Gesetz zuwiderhandeln, müssen daher mit hohen Bußgeldern rechnen.

146.

Weil der Schreiber des koreanischen Königs Taejong im 15. Jahrhundert sehr detailreich protokollieren musste, wurde festgehalten, ...?

A: wie häufig sich der König während seiner Reden räusperte

B: wie oft der König nach jedem Biss in seine Entenkeule kaute

C: wie der König vom Pferd fiel und befahl, dies nicht zu protokollieren

C: wie der König vom Pferd fiel und befahl, dies nicht zu protokollieren

Von 1392 an bis ins Jahr 1910 regierte eine einzige Familie in Korea: die Joseon-Dynastie. Der dritte König dieser Dynastie hieß Taejong. 1367 geboren, herrschte er bis zu seinem Tod 1422. Er war zwar der fünfte Sohn seines Vaters, doch schaffte er es auf den Thron, indem er reformerische Kräfte beseitigen ließ und auch seine eigenen Brüder tötete beziehungsweise in die Verbannung schickte. Wie damals üblich, unterhielt Taejong neben seiner Ehefrau Beziehungen zu 17 weiteren Damen des Hofes. Als König reformierte er Armee und Verwaltung und drängte den Buddhismus zurück.

Woher wir das alles wissen? Es gab während der Joseon-Dynastie Protokollanten am Königshof. Ihre Aufgabe war es, den König zu begleiten und seine Handlungen unabhängig zu dokumentieren – also unbeeinflusst auch vom Herrscher selbst. Das setzten sie so zuverlässig und detailreich um, dass sich in den Aufzeichnungen vom Anfang des 15. Jahrhunderts auch diese Notiz findet: König Taejong fällt während einer Jagd vom Pferd und erteilt Anweisung, das nicht zu protokollieren. Weil der Protokollant aber wirklich alles aufschrieb, protokollierte er nicht nur den Sturz des Herrschers vom Pferd, sondern ganz ungerührt auch seinen Befehl, das nicht zu protokollieren.

147.

Wird natives Olivenöl aus unterschiedlichen Ursprungsländern gemischt, muss ...?

A: mindestens ein Anteil von 70 Prozent aus einem Land stammen

B: es als Mischung gekennzeichnet werden

C: nur das Land angezeigt werden, wo es abgefüllt wurde

B: es als Mischung gekennzeichnet werden

Natives Olivenöl ist naturbelassen und hat niemals Chemikalien gesehen. Es wird bei der Verarbeitung nur mechanisch aus den Oliven gewonnen, ohne Lösungsmittel. Dabei gibt es verschiedene Güteklassen: »extra« bedeutet, dass das Öl die höchste Güteklasse erreicht. Steht kein »extra« dabei, handelt es sich um die zweithöchste Güteklasse. Im Italienischen heißt »nativ extra« übrigens »extra vergine« – also »extra jungfräulich«.

Bei nativen Ölen muss der Ursprung angegeben werden – entweder die EU oder das einzelne EU-Land oder das Nicht-EU-Land. Nichtnative Öle tragen keine Ursprungsangabe. Und was ist mit der Mischung? Wann wird ein Olivenöl als Mischung deklariert? Und ist es dann weniger wert? Generell dürfen native Olivenöle innerhalb derselben Güteklasse gemischt werden – die Herstellerfirmen tun das, um Geschmacksvarianten zu erzeugen. Die EU-Verordnung schreibt aber vor: Wenn native Öle aus mehreren Ursprungsländern gemischt werden, dann muss das Produkt als Mischung gekennzeichnet werden. Das gilt auch bei Beimischungen in geringer Menge.

148.

**Was unternahm Sängerin Ke$ha
vor ihrem Durchbruch 2010, um
ihre Karriere in Schwung zu bringen?**

A: Sie brach ins Haus von Prince ein
und hinterließ eine Demo-CD.

B: Sie sang heimlich in ein Supermarkt-Mikro.

C: Sie gab sich in Las Vegas als
Christina Aguilera aus.

A: Sie brach ins Haus von Prince ein und hinterließ eine Demo-CD.

Wer in eine fremde Wohnung einbricht, lässt dabei meist etwas mitgehen. Nicht so Ke$ha. Vor ihrem großen Durchbruch im Jahr 2010 drang die Popsängerin und Rapperin ins Haus der Musiklegende Prince ein. Er sollte ihr erstes Album produzieren, das war ihr großer Traum. Mit dem Auto ihres verstorbenen Großvaters fuhr sie bis zum Anwesen des Stars und drückte dem Gärtner, der dort gerade arbeitete, 5 Dollar in die Hand, damit er sie unter dem Tor durchklettern ließ. Dann schlich sie sich die Einfahrt hinauf und gelangte durch eine unverschlossene Nebentür ins Haus.

Im dritten Stock probte Prince soeben mit seiner Band. »Also setzte ich mich auf einen lila Thron und wartete darauf, dass er mich bemerkte, was er dann auch tat«, erzählte Ke$ha Jahre später in einer Talkshow. »Er sagte: ›Wie zur Hölle bist du hier reingekommen?‹« Bevor Princes Sicherheitsleute sie rauswarfen, legte sie ihm schnell noch ihre Demo-CD hin, die sie mit einer lila Schleife umwickelt hatte. Ke$ha hat nie wieder etwas von Prince gehört, aber erfolgreich ist sie trotzdem geworden. »Ich habe schon immer gewusst, dass ich auf der Bühne stehen wollte.«

149.

**Was lässt sich aus ausgedienten
Plastikzahnbürsten leicht selbst herstellen?**

A: Universal-Dübel, um Bilder
oder leichte Regale anzubringen

B: Lüsterklemmen, um
Decken- oder Wandlampen
anzuschließen

C: S-Haken, um
Spülbürsten oder
Küchenhandtücher
aufzuhängen

C: S-Haken, um Spülbürsten oder Küchenhandtücher aufzuhängen

Plastik verbleibt ewig in der Natur, deshalb sollten wir sparsam damit umgehen und, wo möglich, neue Verwendungsmöglichkeiten für ausrangierte Gegenstände finden. Zahnbürsten zum Beispiel: Aus hygienischen Gründen wird empfohlen, sie alle drei Monate zu erneuern. Doch was tun mit den abgelegten? Sie lassen sich prima zum Putzen kleiner Zwischenräume oder als Kreativwerkzeuge beim Malen verwenden. Oder man verbiegt sie und macht Armbänder beziehungsweise Küchenhalter aus ihnen.

Dafür den Bürstenkopf einfach abschneiden und den Stab fünf Minuten lang in kochendes Wasser legen. Das Plastik wird dann weich und lässt sich leicht in Form bringen. Für Halter formt man S-förmige Haken, an denen sich Spülbürsten oder Küchenhandtücher aufhängen lassen. Wer farbenfrohe Zahnbürsten bevorzugt, bringt auf diese Weise Farbtupfer in die Küche. Wenn es dann aber irgendwann genug Haken sind, kann man beim nächsten Kauf von Zahnbürsten darauf achten, zumindest welche mit austauschbarem Kopf zu nehmen. Oder man greift ganz zu plastikfreien Zahnbürsten, denn die gibt es ja inzwischen auch.

150.
Frauen finden laut Forschenden der Nottingham Trent University Männer um 12 Prozent attraktiver, wenn diese ...?

A: einen sichtbaren Scheitel tragen

B: ein weißes T-Shirt mit einem großen »T«-Aufdruck tragen

C: im 40-Grad-Winkel zur Frau gewandt stehen

B: ein weißes T-Shirt mit einem großen »T«-Aufdruck tragen

Manchmal muss es gar nicht teuer sein, sich etwas aufzuhübschen. Ein simples T-Shirt tut es für Männer zum Beispiel auch – Hauptsache, es wird zur Jeans getragen, ist weiß und hat den richtigen Aufdruck. Ein großes T, so haben Forschende der Nottingham Trent University herausgefunden, bringt Frauen nämlich dazu, den jeweiligen Träger des T-Shirts für 12 Prozent attraktiver zu halten, als wenn er etwas anderes trägt.

Anscheinend erzeugt das T die Illusion von breiten Schultern und schmaler Taille – und damit den Eindruck, der betreffende Mann sei körperlich fit und gesund. Zumal das Weiß für Sportlichkeit, Frische und Sauberkeit steht und den aufgedruckten Buchstaben auch am besten zur Geltung bringt. Für die Studie aus dem Jahr 2009 waren männliche Versuchspersonen in Jeans und einem weißen T-Shirt fotografiert worden. Die Versuchspersonen hatten ganz unterschiedliche Körperformen. Die Gegenprobe mit großem O auf weißem Grund haben die Forschenden dann aber nicht mehr veranstaltet – dabei wäre das auch ganz interessant gewesen.

151.

Warum verharren Krokodile und Alligatoren häufig für längere Zeit mit geöffnetem Maul?

A: Es ist Teil einer Atemtechnik,
durch die sie länger tauchen können.

B: Sie verhindern, dass die Sonne
ihr Gehirn überhitzt.

C: Die Luftfeuchtigkeit
härtet den
Zahnschmelz.

B: Sie verhindern, dass die Sonne ihr Gehirn überhitzt.

»Mund zu, es zieht«, so lautet ein wenig freundlicher Spruch, wenn jemand mit weit offenem Mund dasitzt. Tatsächlich bietet diese Mimik manchmal einen komischen Anblick – der oder die Betreffende sieht in dem Moment oft nicht besonders intelligent aus. Anders ist das bei Krokodilen und Alligatoren. Sie liegen gern mit weit geöffnetem Maul in der Sonne – und wirken dabei womöglich noch gefährlicher als ohnehin. Manche Forschenden vermuten, dass dies eine Form der Kommunikation sein könnte.

Abgesehen davon hat das geöffnete Maul jedoch auch einen sehr praktischen Nutzen: Die Reptilien sind wechselwarme Tiere, das heißt, sie haben keine einigermaßen konstante Körpertemperatur, sondern passen sich ihrer jeweiligen Umgebung an. Steht nun bei starker Hitze ihr Maul offen, dann kühlen die gut durchbluteten, feuchten Mundschleimhäute durch Verdunstung ab. So tragen sie dazu bei, dass das darüberliegende Gehirn des Tieres nicht überhitzt. Wir kennen den Effekt ebenso bei Hunden: Die sind zwar gleichwarme Tiere, haben also eine konstante Körpertemperatur. Aber weil sie kaum schwitzen können, kühlen sie ihre Temperatur bei Hitze nach einem ähnlichen Prinzip herunter: Indem sie hecheln, verdunstet die Feuchtigkeit auf ihren Schleimhäuten.

152.

Durch die Aufhebung einer Arzneimittel-Anordnung gilt seit 2021, dass ...?

A: bestimmte Wirkstoffe nicht mehr kindersicher verpackt werden

B: Beipackzettel nicht in gedruckter Form beigelegt werden

C: gleichartige Wirkstoffe als Tropfen preiswerter sind

A: bestimmte Wirkstoffe nicht mehr kindersicher verpackt werden

Ende Dezember 2020 hat das Bundesinstitut für Arzneimittel und Medizinprodukte (BfArM) Anordnungen aus den 1980er-Jahren aufgehoben, die kindergesicherte Verpackungen von Fertigarzneimitteln betrafen. Diese Anordnungen verpflichteten die Herstellerfirmen von mehreren hundert Wirkstoffen, entsprechende Arzneimittel nur in kindergesicherter Verpackung in den Handel zu bringen, »um die Gefahr des Missbrauchs durch Kinder zu verhüten«. Das BfArM begründet die Aufhebung damit, dass diese alten Regelungen nicht mehr den aktuellen wissenschaftlichen Stand widerspiegeln. Fernen stünden sie inzwischen auch im Widerspruch zur Schaffung eines europäischen Gemeinschaftskodexes für Human-Arzneimittel.

Im Sinne des vorbeugenden Gesundheitsschutzes werden Arzneimittel in der EU jetzt nur noch mit dem Hinweis versehen, dass »Arzneimittel außerhalb der Reich- und Sichtweite von Kindern aufzubewahren sind«. Falls diese Hinweise aus wissenschaftlicher Sicht im konkreten Einzelfall nicht ausreichen, um Kinder vor Schaden zu bewahren, besteht die Möglichkeit, bestimmte Auflagen anzuordnen. Damit will man sicherstellen, dass solche Arzneimittel in einem Behältnis unter anderem mit bestimmter Form, bestimmtem Verschluss oder sonstiger Sicherheitsvorkehrung in den Handel gebracht werden.

153.

Wer hierzulande ein Tiny House auf einem Grundstück bauen und als dauerhaften Wohnsitz nutzen möchte, …?

A: benötigt keine Baugenehmigung, wenn es auf Rädern steht

B: muss es mit einer Kochnische und einer Toilette ausstatten

C: muss ab 37 m² Wohnfläche mindestens vier Fenster einbauen

B: muss es mit einer Kochnische und einer Toilette ausstatten

Tiny Houses sind sehr im Trend. Die Mini-Häuser gelten als erschwingliche Wohnalternative, die ihren Besitzern Flexibilität ermöglicht: Wer umziehen muss, nimmt sein Häuschen einfach mit. Auch passen Tiny Houses zum Minimalismus. Nur das zu besitzen, was man wirklich mag und benötigt, das wird ja ebenfalls immer beliebter.

Wenn es aber um die Frage geht, ob das Tiny House als erster Wohnsitz genutzt werden darf, so rasselt man in Deutschland oft mit der Bauordnung zusammen. Denn egal, ob fest verbaut oder auf einen Anhänger verladen: In dem Moment, da das Mini-Haus als dauerhafter Wohnsitz genutzt werden soll, unterliegt es in Deutschland den Mindestanforderungen an Wohnraum, die in den Landesbauverordnungen festgehalten sind. Und die ist jedenfalls in zwei Punkten in allen Bundesländern gleich: Jede Wohneinheit braucht eine Küche oder Kochnische und ein Bad mit Toilette und Fenster oder aber funktionierender Lüftungsanlage.

154.

Feldwespen der Art »Polistes fuscatus« ...?

A: können Gesichter von einzelnen Artgenossen unterscheiden

B: verursachen den schmerzhaftesten Stich des Insektenreichs

C: schützen als »Polizei« nahe gelegene Nester anderer Wespenarten

A: können Gesichter von einzelnen Artgenossen unterscheiden

Feldwespen der Art »Polistes fuscatus« sind ziemlich soziale Insekten: Sie beschaffen gemeinsam Nahrung, helfen einander in der Brutpflege und leben in mehreren Generationen zusammen. Ihr dennoch kurzes Dasein verbringen sie in kleinen Kolonien von bis zu 200 Individuen. In ihren Nestern leben allerdings auch oft mehrere konkurrierende Gruppen unter einem Dach. Dabei läuft keineswegs alles friedlich ab. Bei den geschlüpften Arbeiterinnen gilt das Recht der Stärkeren. Und ranghöhere Weibchen, beginnend mit der Königin, fressen die Eier, die von anderen Weibchen gelegt werden.

Nun haben diese Wespen eine besondere Fähigkeit entwickelt: Sie erkennen und unterscheiden anhand der Gesichtsmarkierungen, ob eine andere Wespe zu ihrer eigenen oder zu einer fremden Gruppe gehört. Das haben Forschende der Universität Michigan herausgefunden. Die Erklärung: Es sei ganz einfach von Vorteil, die Artgenossen am Gesicht auseinanderhalten zu können und zu wissen, wer Freund und wer Konkurrent ist. Bei Säugetieren hat die Wahrnehmungsphysiologie diese Fähigkeit schon lange festgestellt. Für Insekten ist die Erkenntnis hingegen relativ neu.

155.
**Eine Hamburgerin kaufte im Frühjahr 2021
neun Bio-Hühnereier im Supermarkt und …?**

A: entdeckte auf ihnen die Unterschrift
der Bundesumweltministerin

B: ließ daraus zu Hause in einem
Brutkasten sechs Küken schlüpfen

C: stellte fest, dass zwei davon
nur aus Schale bestanden

B: ließ daraus zu Hause in einem Brutkasten sechs Küken schlüpfen

Auch aus Supermarkt-Eiern können Küken schlüpfen, wenn sie Bio sind und ausgebrütet werden. Das bewies im Frühjahr 2021 eine 24-jährige Hamburgerin. Sie kaufte beim Discounter neun Bio-Eier und legte sie daheim in den Brutkasten. Nach 21 Tagen schlüpften aus sechs der Eier tatsächlich Küken – ein Hahn und fünf Hennen. Das ist kein Wunder, sondern ganz natürlich. Denn die Richtlinien der Bio-Haltung schreiben vor, dass, wenn möglich, pro 100 Hennen ein Hahn gehalten wird. So können im Handel bei Bio-Eiern immer auch befruchtete Exemplare dabei sein – und bedenkenlos verzehrt werden.

Die sechs Hamburger Hühner sollten eigentlich auf einen Bauernhof umziehen, doch das war wegen der Geflügelpest nicht möglich. Jetzt leben sie auf dem Grundstück der Familie in einem eigens gebauten Stall und haben sich nach allem, was man liest, sogar mit der französischen Dogge angefreundet, die ebenfalls zum Haushalt gehört.

156.

**Der Oscar-Preisträger und
»Joker«-Darsteller Joaquin Phoenix ...?**

A: liest das Ende eines Drehbuchs immer
erst am letzten Drehtag

B: wurde nach einem Autounfall
von Regisseur Werner Herzog gerettet

C: hat als Student Navigationssysteme
auf Spanisch eingesprochen

B: wurde nach einem Autounfall von Regisseur Werner Herzog gerettet

Glück und Unglück liegen manchmal nahe beieinander. Im Januar 2006 erhielt Joaquin Phoenix nicht nur den Golden Globe als Hauptdarsteller der amerikanischen Country-Legende Johnny Cash im Biopic »Walk the Line«. Im selben Monat hatte er auch einen schweren Unfall, den aber erfreulicherweise alle Beteiligten unverletzt überstanden haben. Als der Schauspieler in den Hollywood Hills unterwegs war, versagten plötzlich die Bremsen an seinem Fahrzeug. Sein Wagen stieß mit einem anderen Auto zusammen, überschlug sich und blieb auf dem Dach liegen.

In solch einer schwierigen Situation freut man sich über jeden, der einem helfen kann. Umso besser, wenn es jemand ist, den man kennt. Der deutsche Filmemacher Werner Herzog fuhr zufällig gerade in diesem Moment am Unfallort vorbei und half Phoenix, sich aus dem Auto zu befreien. Gegenüber der Los Angeles Times berichtete der Schauspieler später seine Eindrücke und meinte, dass er Herzog gleich erkannt habe: »Seine Stimme beruhigte mich, ich fühlte mich sofort gut und sicher.« Zum Glück hat sich eine solche Konstellation im Jahr 2020 nicht wiederholt, als Joaquin Phoenix als Joker-Darsteller neben diversen anderen Auszeichnungen den Golden Globe und den Oscar erhalten hat.

Die Jagd beginnt!

Dieses Buch versammelt über 200 Fragen aus der beliebten
Quizsendung Gefragt – Gejagt. Testen Sie Ihr Wissen in Schnell-
raterunden und Multiple-Choice-Fragen und machen Sie den
Jägern Konkurrenz! Mit vielen überraschenden und lehrreichen
Antworttexten verbessern Sie Ihre Allgemeinbildung fast nebenbei.
Außerdem haben die Jäger einige Fragen über sich beantwortet
und geben ihre besten Tipps an Sie weiter.

So werden auch Sie zum Quizchampion!

978-3-453-60615-9

»Wer weiß denn sowas?« als Kalender

Verblüffende Fragen, überraschende Lösungen und faszinierend nützliche Tipps: Das Neueste aus »Wer weiß denn sowas?«, der beliebten Wissensshow im Ersten, präsentiert von Kai Pflaume, Bernhard Hoëcker und Elton. Dieser Wissenstest für den Alltag bietet nicht nur jede Menge Stoff zum Staunen und Weitererzählen, sondern praktische Tricks zu allen Fragen rund um Haushalt, Küche, Garten, Schönheit und Gesundheit. Durchgehend vierfarbig gestaltet – idealer Begleiter durch das Jahr und perfektes Geschenk für alle Ratefüchse, Wissensdurstigen und Quizbegeisterten!

978-3-453-23904-3